TROIS
ANS DE GUERRE
à Avallon

Journal de l'Hôpital Auxiliaire N° 9

par

UNE INFIRMIÈRE

Août 1914. — Septembre 1917.

PRIX : 3 fr. 25

TROIS
ANS DE GUERRE
à Avallon

Journal de l'Hôpital Auxiliaire N° 9

par

UNE INFIRMIÈRE

Août 1914. — Septembre 1917.

PROLOGUE

Au cours de l'été 1888, le sous-préfet d'Avallon, M. Dubois, reçut des instructions pour établir une ambulance à Avallon, en cas de guerre. Il fit pressentir les dames les plus influentes de la ville pour savoir si elles voudraient s'en occuper ; les réponses ayant été négatives, il s'adressa à Mme Perrin, femme du juge d'instruction, universellement estimé dans cette ville, dont il était originaire.

Cette dernière répondit que le projet lui paraissait très opportun et qu'elle consulterait son mari. La réponse de celui-ci fut catégorique :

« Si toutes les femmes chrétiennes refusent de s'y intéresser, dit-il, l'Œuvre se fera néanmoins, car elle est nécessaire, mais par des personnes moins attachées à la religion. — En temps de guerre, les catholiques, évincés des hôpitaux, ne sauront que gémir sur leur impuissance à procurer les secours de la religion à nos soldats mourants ;

Faites donc la besogne, maintenant qu'on la réclame et, en temps de guerre, personne ne contestera vos droits auprès de nos blessés. »

C'est ainsi que l'œuvre fut décidée en principe, mais tandis que M. Perrin en élaborait les statuts avec le soin judicieux et l'esprit de foi qu'il apportait à toutes choses, le député-maire d'Avallon, M. Hervieux, pour écarter « l'ingérance cléricale », s'affilia rapidement à l'*Union des Femmes de France* et envoya quêter sa femme et Mlle Coulon, qui recueillirent d'assez nombreuses adhésions parmi les fonctionnaires et les fournisseurs. D'autre part, la société d'Avallon, se tenait en garde contre le premier projet, sous prétexte qu'il pourrait cacher quelque machination anti-religieuse pour contrôler subrepticement les adhérents dans la franc-maçonnerie.

Une réunion eut lieu pourtant dans la salle de l'ouvroir, rue Bocquillot, où le sous-préfet exposa l'urgence du projet, la proximité où est notre ville de la frontière de l'Est et assura que nous resterions libres de créer une ambulance indépendante, ou de la rattacher à l'une des trois branches de la Croix-Rouge, à notre choix.

Un groupe de dames soutint qu'il serait bien plus à propos de placer à la Caisse d'épargne les souscriptions déjà recueillies et d'attendre une déclaration de guerre — bien improbable, suivant elles — pour agir et s'organiser.

La vénérable comtesse douairière de Chastellux, très favorable au projet d'ambulance et présente à la réunion, démontra la fausseté d'un pareil raisonnement et les risques terribles qu'il ferait courir aux blessés de l'avenir, mais, hélas ! sans convaincre les opposantes qui se retirèrent.

Devant toutes ces difficultés et les progrès de l'Œuvre de M. Hervieux, qui avait déjà un ouvroir fonctionnant au collège, Mme Perrin confia le futur hôpital au Sacré-Cœur de Jésus, et lui en donna dès lors le Nom sacré : puis, on se décida à le rattacher à la Croix-Rouge française.

Il serait fastidieux et paraitraît invraisemblable de raconter les difficultés qu'on eut pour découvrir le siège de la *Société française de secours aux blessés militaires,* qui ne faisait aucune propagande, tandis qu'on était inondé par celle des deux autres sociétés : l'*Union des Femmes de France* et l'*Association des Dames françaises.*

On dut adresser à tout hasard une lettre à :

Madame la Maréchale de Mac-Mahon,
à Paris,

qui la reçut et fit faire les démarches nécessaires auprès du Conseil central, alors 19, rue Matignon, pour le mettre en relations avec nous.

Le 22 janvier suivant — 1889 — l'ambulance naissante d'Avallon était incorporée à la Société française de Secours aux Blessés militaires, et le comité ainsi composé :

Présidentes d'honneur : Mme la comtesse douairière de CHASTELLUX ;

Mme la générale de GOUVENAIN ; remplacée plus tard par Mme GOUSSARD ;

Présidente : ⋅ Mme Henri PERRIN ;

Vice-Présidente : Mme Félix DE LA BROSSE ;

Trésorière : Mme PINON, remplacée plus plus tard par Mme GALLY ;

Secrétaire : Mme DICQUEMARE ;

Conseillères : Mme C. GAGNIARD, H. VIGOUREUX, G. BERT et REIMS.

Quelques mois plus tard, le comité de l'U. F. F. était dissout par le départ de M. et Mme Hervieux ; ses adhérents devenaient les nôtres et insistaient pour que nous acceptions le linge confectionné à l'Ouvroir du collège.

Le nôtre fonctionnait dès lors, 7, rue Bocquillot, sous la direction expérimentée de Mme F. de la Brosse qui en avait organisé un à Montmédy, lors de la guerre 1870-71. Chaque année vit s'accroître le nombre des lits, avec le linge et le matériel correspondant.

Les visites et les conseils de nos distingués Délégués régionaux, M. Paulmier, ancien conseiller à la Cour d'Orléans ; puis, M. le lieutenant - colonel Tournès, contribuèrent beaucoup à la bonne marche de l'Œuvre et à ses progrès.

Le 16 novembre 1905, le colonel Tournier obtenait le classement de notre hôpital par le ministère de la guerre avec le n° 9. Le local désigné en cas de guerre était le collège communal, visité dans le cours de l'année par le major Malaval et distribué par lui, d'après plans faits par M. Prévost, architecte de la Ville. Le principal d'alors, M. Brivet, avait patriotiquement offert son appartement personnel pour les besoins du service, en cas de guerre.

IV

Le 31 mars 1906, un nouveau décret du ministre de la Guerre élève en première classe l'H.-A. n° 9, qui avait alors cinquante lits, et ne tarde pas à en avoir soixante-quinze.

A partir de 1909, les événements se pressent ; sur les instances réitérées du conseil central, on organise des cours d'infirmières, car jusque-là, nous n'avions eu que des conférences isolées par l'un ou l'autre de nos Docteurs. M. le docteur Breuillard donne la première série de cours d'infirmières, suivie, le 1ᵉʳ août, d'un examen où sont reçues : Mmes Perrin, Noël Corniau ; Mlles Marie Baudot, Germaine Diez, Isabelle Bailly et Berthe Bouilloux.

Mlle Baudot ayant de rares aptitudes pour le rôle d'infirmière, fait son stage à l'Hôpital-École à Paris, où elle conquiert brillamment son diplôme, avec des éloges tout particuliers de la distinguée directrice, Mlle Génin.

Bien plus, le Conseil central lui confère l'autorisation — réservée aux infirmières-majors — de faire une deuxième série de cours à Avallon, sous la direction de nos Docteurs. Ceux-ci font passer un nouvel examen, le 5 juillet 1912, et donnent le certificat à : Mmes G. Rétif, Caquereau, Morgenstern et Manceaux ; à Mlles Germaine Bachelin, Fernande Landry, Jeanne Chanut, Germaine Barbier et Marcelle Vergely.

Ajoutons à nos infirmières : Mme la marquise de Duras-Chastellux, récemment mariée, et qui avait gracieusement mis à notre disposition le diplôme obtenu alors qu'elle était encore Mlle de Courcel.

La même année, grâce au produit d'un concert organisé en notre faveur par les jeunes gens de la classe 1912, notre comité se procure un magnifique autoclave dernier modèle, choisi par les soins du docteur Billaudet, qui veut bien nous en expliquer le maniement.

En 1914, sur les instances de plus en plus pressantes du conseil central, il est fait de nouvelles tentatives pour l'établissement d'un comité d'hommes.

Un homme de cœur et d'intelligence, M. Neveux, notaire, consent, malgré de nombreuses occupations, à assumer la charge de président et le 18 mai, à une réunion générale, le comité est ainsi composé :

V

<table>
<tr><td>Présidents d'honneur :</td><td>M. le comte de CHASTELLUX ;</td></tr>
<tr><td></td><td>M. GOUSSARD, président du Tribunal ;</td></tr>
<tr><td>Président :</td><td>M. Paul NEVEUX, notaire ;</td></tr>
<tr><td>Vice-Président :</td><td>M. BILLARDON, ancien avoué ;</td></tr>
<tr><td>Trésorier :</td><td>M. MASSON, avoué ;</td></tr>
<tr><td>Secrétaire :</td><td>M. MELOT, ancien chef de gare.</td></tr>
</table>

Ces messieurs entrent en possession des fonds, des registres et du journal de mobilisation, mis à jour par les soins dévoués de M. Riotte, ancien officier d'administration.

Tout se trouvait providentiellement prêt pour les terribles événements qui étaient à la veille d'éclater.

Je publie ce petit journal, rédigé au cours de la guerre, pour rendre de très humbles actions de grâces à la miséricorde divine qui a protégé si constamment et si maternellement notre Hôpital ; comme aussi pour témoigner ma reconnaissance aux nombreux auxiliaires qui, à des titres divers, se sont faits les collaborateurs de la Providence à notre égard.

Je le dédie à M. Raymond Bouvet qui a su organiser si habilement les services et, pendant près de deux ans, s'est montré le meilleur soutien de l'Hôpital Auxiliaire n° 9, auquel il a laissé, avec le regret de son départ prématuré, le souvenir de sa foi profonde, de sa délicate charité et de son rare désintéressement.

L. PERRIN.

JOURNAL

de

L'HÔPITAL - AUXILIAIRE N° 9

1ᵉʳ août 1914. — Date inoubliable ! C'est le premier jour de la Mobilisation. Le bourdon tant aimé de notre S¹-Lazare sonne un lugubre tocsin... Les jeunes hommes font à la hâte leurs préparatifs de départ, embrassent leurs parents, leurs femmes, et partent pleins d'entrain. J'entends répéter cette phrase : « Du courage ! Dans trois mois, nous serons de retour. » Puissent-ils dire vrai !!...

Comme l'H. A. nᵒ 9 doit fonctionner le neuvième jour de la mobilisation, je vais trouver M. le maire et lui réclame le Collège, qu'il met de suite à la disposition de la Croix-Rouge, en faisant toutefois des réserves sur l'appartement du principal, alors en vacances dans le Midi.

Je conduis à la gare mon petit-neveu, Marcel Arthaut, qui veut aller à Douai pour embrasser son père, le colonel Arthaut et ses trois frères aînés, prêts à partir au front.

3 août. — Je trouve la cour du Collège remplie de personnes de bonne volonté, travaillant à la confection de nos matelas sous la direction si dévouée de M. et Mme Charles Hainault.

Dans les salles du collège, les dames et les demoiselles du meilleur monde sont en train de nettoyer les parquets, de laver les fenêtres etc... C'est une fièvre de travail !

M. Prévost, architecte de la Ville, amène des ouvriers pour exécuter les travaux prévus, avec le major Malaval ; ces messieurs du Comité viennent les surveiller et M. Nolin met à leur disposition son esprit pratique et ses talents d'organisation.

4 août. — On commence à transporter au collège le matériel accumulé depuis vingt-cinq ans, rue Bocquillot, soit soixante-quinze lits, avec le linge et le matériel suffisants pour cent. Mme Henriot se met à la tête de la lingerie, avec Mme Ninot, Mme Manificat, etc...

L'ouvroir s'établit en « permanence » 7, rue Bocquillot, sous la direction assidue de Mme A. Gally.

5 août — Les envois de linge commencent à affluer de toutes parts ; c'est un ouvrage considérable de recevoir, trier et ranger tout cela, de trouver, — dans les draps trop usagés — des bandes, des compresses, des « champs » ; ceux en bon état sont mis en réserve pour les lits, et ceux en grosse toile pour faire des rideaux aux nombreuses fenêtres de notre hôpital.

M. Stéphane Piot, de Marcilly, nous apporte, outre une très généreuse offrande, une quantité de rideaux de couleur qui seront très utiles pour masquer à nos malades le vent des portes ; les dons en espèces se multiplient.

6 août. — Mme Leproust, Mlles Goussard, Gâches, Rieffer, Mazilier, etc., vont aider Mme Gally à l'ouvroir, Mlles Berthe Couron, Gérouville, Kwiatkowska, se joignent aux dames de la lingerie.

M. Neveux, président, nous offre comme comptable, M. Alfred Gally, de Sauvigny, qui est employé à son étude.

MM. Maurice Baudot, Georges Riotte rendent des services au bureau, tandis qu'une nuée de tout jeunes gens : MM. Petit, Jaquot, Sauvageot, Gauthier, etc., se tiennent dans la cour, avec des bicyclettes, prêts à partir en commissions.

La question des docteurs devient fort inquiétante. Trois étaient désignés par le ministre pour desservir l'hôpital en temps de guerre : MM. les docteurs Breuillard et Barraud, d'Avallon, et Pigot, de Dixmont.

J'avais télégraphié de suite à ce dernier, qui ne donna

aucune réponse et le docteur Barraud m'annonce qu'il est mandé à Orléans par l'autorité militaire.

7 août. — L'encombrement des visiteurs gêne nos préparatifs à l'hôpital, les autorités se montrent on ne peu plus bienveillantes à notre égard : M. Gapais, sous-préfet ; Tamet, maire ; Jaquot, inspecteur des forêts ; Dairaine, receveur des finances, décident de convoquer des gardiens bénévoles pour surveiller et interdire au besoin l'entrée de l'hôpital ; MM Poivret, Ch. Vigoureux, Lepoix, A. Morio, Kwiatkowski, Vallery-Radot (des Capucins) se relaient pour cet office de charité.

8 août. — M. le docteur Barraud me confie qu'il est désigné pour l'hôpital militaire de X...

Je proteste énergiquement qu'il a été affecté au nôtre et qu'on ne peut nous le retirer, au moment où il va être indispensable... Il me répond que la discipline l'oblige à partir.

Le soir même je reçois une lettre de l'excellent docteur Collinet, de Paris : « Ma cousine, voulez-vous de moi dans votre hôpital ? Si oui, faites les démarches nécessaires auprès de votre Conseil central. Je suis à votre disposition. »

Je bénis la Providence et m'empresse de faire la démarche requise... et d'adresser mes plus chauds remerciements à l'habile et dévoué praticien qui vient si opportunément à notre aide.

11, 12, 13 août. — On installe notre autoclave dans la future pharmacie. Mme Billaudet, en l'absence de son mari, déjà parti au front, vient gracieusement nous apporter les conseils de son expérience. Mme Gustave Rétif se met à la tête du maniement de cet utile instrument malgré la longue course qu'elle doit fournir et l'incommodité de l'heure, car on ne nous donne le gaz que fort tard dans la soirée.

Nous avons la consolation de faire visiter notre hôpital à la vénérée vice-présidente, Mme F. de la Brosse, qui, depuis vingt-cinq ans, a été l'âme de l'ouvroir. Elle éprouve une véritable joie en voyant rangé et étiqueté en bel ordre, dans la lingerie, tout le linge qui a passé autrefois sous ses habiles ciseaux. Nos salles sont déjà prêtes et pourvues chacune d'un des Crucifix que nous tenions en réserve. Mme de Duras-Chastellux en a envoyé un plus grand pour la salle 18 qui est si considérable et où l'on place également une belle image de Notre-Dame du Rosaire.

14 août. — M. Dardaillon, pharmacien, a installé notre pharmacie, et vient y ranger tous les produits nécessaires ; on met en bon état les boîtes de chirurgie et on commence la stérilisation des pansements dans l'autoclave, qui donne de merveilleux résultats.

15 août. — Le Conseil central qui m'avait télégraphié : « Philippe Louvel accepte place administrateur, se mettra en rapport avec vous », me télégraphie de nouveau : « Avez-vous nouvelles Philippe Louvel ? ». Sur ma réponse négative, car je n'ai pas entendu parler de ce monsieur, je reçois cet autre télégramme : « Vous envoie Raymond Bouvet ». Notre trésorier, M. Masson, ayant dû rejoindre son régiment dès les premiers jours, M. Neveux a fait une démarche auprès du Conseil central pour transmettre ce titre à M. Gally, notre comptable. Ce dernier est agréé, à notre grande satisfaction, car nous avons pu apprécier ses qualités d'ordre, d'exactitude et de dévouement. M. Neveux lui-même va nous quitter bientôt pour le service de la Patrie.

Nous apprenons avec douleur la mort de M. Riotte, qui avait mis en ordre, avec tant de zèle, notre Journal de mobilisation et notre correspondance avec le Comité central ; son fils aîné continue à travailler au bureau.

17 août. — On m'annonce l'arrivée de M. Raymond Bouvet qui demande à me voir.

Petit de taille, d'apparence et de manières très distinguées, M. Bouvet a une physionomie légèrement américaine, avec un regard doux et ferme à la fois. Fils et petit-fils des premiers magistrats de la Cour de Pau, il a vécu dans un milieu très « select » et tient en effet à l'Amérique par sa mère. Ayant passé l'âge de servir sous les drapeaux, il a offert son dévouement à la Croix-Rouge dès le début de la guerre ; s'est installé dans les bureaux de la rue François-Ier, pour ainsi dire nuit et jour, afin d'y étudier l'organisation et la marche des hôpitaux auxiliaires ; il vient à nous, de la manière la plus désintéressée, pour faire fonctionner l'Hôpital Auxiliaire n° 9. De nouveau, je remercie la Providence et nous allons rendre visite à ces messieurs du Comité.

Le docteur Collinet fait savoir qu'il s'installe à Marmeaux, prêt à accourir au premier appel.

M. Bouvet organise activement les services, les salles sont distribuées aux infirmières. Mme Perrin remplira le rôle de surveillante-générale.

M. Quétand qui s'est offert dès le début pour travailler à notre Hôpital, est chargé de seconder M. Nolin dans les travaux intérieurs. On pose des réchauds à gaz et des postes d'eau, à chaque étage, à proximité des salles ; on organise les poêles et la salle d'opérations. MM. Rietter, Georges Morizot, Philippon et Coignot sont admis comme infirmiers ; Malapert, de Thory et Pichenot, de Cousin-le-Pont, comme hommes de peine ; Mme Reine Montenat accepte la place de cuisinière, avec l'aide de Mme Nolin et d'un jeune mitron ; elle installe la cuisine et fait les repas du personnel en attendant les blessés ; Mmes Laporte et Tramé se chargent du blanchissage. Notre Hôpital prend de plus en plus bonne tournure.

22 août. — M. le docteur Barraud est renvoyé à notre Hôpital après constatation d'une confusion faite entre l'H. A. n° 9 et l'Hôpital Temporaire n° 9 ; nous le voyons, avec grande joie, revenir et compléter le nombre des trois docteurs reconnus nécessaires pour nos soixante-quinze lits.

23 août. — Vaccination de tout le personnel par le docteur Breuillard, dans la salle du service médical ; deux des messieurs éprouvent un léger malaise, les dames supportent sans inconvénient cette petite opération.

Mme la marquise de Duras-Chastellux, qui nous a assuré dès le début son concours effectif, reste au château de Chastellux, en attendant la première arrivée de blessés. Elle remplira, conjointement avec Mlle Baudot, les fonctions d'infirmière-major, et chacune aura un certain nombre d'infirmières sous sa direction.

Des dames dévouées de la ville se font inscrire comme veilleuses de nuit : Mmes Dicquemare. Moreau-Fabre, Henri Chanut, Bauby, de Nozières, de l'Isle-sur-Serein, etc. ; M. l'archiprêtre veut bien accepter le brassard de la S. B. M., avec le titre d'aumônier.

24 août. — M. Pierre Peslier, qui a été brancardier aux armées, offre de dresser à la manœuvre du brancard des hommes de bonne volonté, ceux qui, autrefois, avaient accepté cette charge : MM. Ed. Doré, Nicolas Breugnot, Thibault, Tramé, étant trop âgés pour la remplir.

Les manœuvres se font tantôt dans la cour de l'hôpital, tantôt à la gare même, avec le concours de MM. Poivret, Chevrier (rue de Lyon), Blanc (Grande-Rue), Georges Julliot (gendre de M. Miller), Bernard Dalbanne, etc., etc.

3 septembre. — Réunion du Comité des messieurs au bureau de l'administrateur, tandis que je réunis les infirmières à la pharmacie pour la distribution des costumes.

M. Bouvet vient me trouver, fort en peine, car ces messieurs agitent sérieusement la question de céder une partie de nos lits au Comité des réfugiés, qui craint d'en manquer, attendant d'un jour à l'autre les malheureux émigrés chassés des pays envahis. Je représente à ces messieurs que nous ne pouvons disposer du matériel qui est, non seulement la propriété de la Croix-Rouge, mais aussi du Service de Santé, lequel a classé notre Hôpital pour un nombre déterminé de lits. J'essaie de leur faire comprendre quel serait notre embarras au cas d'une arrivée inopinée de blessés, mais une voix s'élève : « Des blessés ? Pensez-vous qu'on en envoie jamais à Avallon ? » Là-dessus, M. Billardon se lève en disant : « Je vais mettre à la disposition du maire les lits de l'annexe. »

Au même moment, la porte est ouverte à deux battants par Mme Roux, la concierge de l'Hôpital, qui annonce à haute voix : « Une infirmière de Troyes qui amène les plus grands blessés de Troyes... » La foudre tombée à leurs pieds n'aurait pas plus stupéfait les assistants !

Une grande et belle personne, Mlle Champy, en costume d'infirmière, nous répète : « Je vous amène, en effet, les plus grands blessés de l'H. S. B. M., de Troyes. »

Et comme on lui demande qui lui avait indiqué notre Hôpital, elle répond : « Je ne savais même pas qu'il existât. Ayant à sauver nos blessés de l'approche de l'ennemi, je les ai emmenés, allant droit devant moi et me confiant à la Providence... Cela m'a toujours réussi. »

A l'entrée de la ville, les sentinelles lui avaient crié :

« Il y a en ville un hôpital de la Croix-Rouge, tout organisé ! » et elle arrivait...

Pendant ce court colloque nos infirmières avaient revêtu les costumes qu'elles tenaient encore à la main, et occupaient déjà la cour au grand ébahissement des curieux qui ne les reconnaissaient pas, ainsi vêtues...

Nos brancardiers descendaient avec les plus grandes précautions, de leurs autos, onze blessés en fort piteux état, et les montaient à la salle 18 ; tout à coup, j'aperçois le docteur Collinet que M. Morio était allé chercher à Marmeaux et avait ramené en auto.

Il s'installe dès lors à l'hôpital auprès de ses blessés, tandis que M. Bouvet se contente d'une hospitalité un peu monacale, à la permanence.

4 septembre. — Le défilé des blessés de Troyes continue ; on en amène vingt-trois autres successivement, en autos, avec leur personnel : MM. le docteur Fargin-Fayol, le pharmacien Brisson, le comptable, M. Quentin, et les infirmières : Mlles Desrousseaux, Vigé, Cardot, Riousse, Bedfort, Friedrich, Mmes Roy et de la Fournière.

M. le Sous-Préfet met à notre disposition l'étuve départementale de la route de Lormes, qui fait prendre chaque jour les effets à désinfecter, tandis que, avec une abnégation admirable, Mlles Droit, institutrices, rue Bocquillot, entreprennent la tâche ingrate de nettoyer et remettre en état les vêtements personnels des blessés.

Notre hôpital a perdu un peu de sa physionomie au milieu du personnel étranger de Troyes ; notre autoclave excite l'admiration et... même l'envie, et j'ai peine à préserver nos belles boîtes en nickel qu'on voudrait m'échanger contre d'autres. Comme je fais observer à M. Brisson que nous avons une infirmière — Mme G. Rétif — désignée pour le maniement de l'autoclave, il me répond vivement : « Mais, nous recevrons avec plaisir Mme Rétif ». — « Pardon, Monsieur, répliquai-je, c'est Mme Rétif qui aura le plaisir de vous recevoir. »

5 septembre. — J'assiste, à la salle 18, au pansement de G. Delmas, qui a le ventre horriblement ouvert, et dont le foie répand toute sa bile ; de Véron, dont les intestins, traversés d'une balle, lui causent d'intolérables douleurs ; Marchis et Lapierre, ayant chacun une jambe cassée; Guindé qui a dû être trépané. Mais le plus malade est le caporal Lallet dont la colonne vertébrale est atteinte par la mitraille.

Je fais mes débuts auprès de Clogenson, employé de chemin de fer, qui a les deux jambes fracassées, mais j'ai très peu de succès auprès de ce malade, exaspéré par la douleur.

On installe le commandant Albert dans la salle 22. Il a une jambe cassée, mais ne se plaint de rien, et accepte tous les soins avec une courtoisie mêlée de reconnaissance.

Sa belle tête, énergique et bienveillante à la fois, excite la respectueuse sympathie de tous. On lui donne comme compagnon le lieutenant Laffrat, beau et généreux caractère, atteint seulement d'une balle qui a traversé la jambe sans la briser. Il peut circuler et s'efforce de rendre tous les services possibles au commandant. Dans la salle 13, l'adjudant Loyeux, affreusement blessé au bras gauche est couché auprès du sergent Barbier, qui a une balle dans le poumon.

Dans la salle 12, est étendu le lieutenant Simon, dont on peut à peine approcher, tant ses souffrances sont intenses. Sur sa demande, M. le Maire a fait arrêter l'horloge de la ville, dont les sonneries lui donnaient sur les nerfs. Dans la salle 21, on a installé le sergent-major Tirel, blessé dans les parties les plus délicates.

Enfin, dans la grande salle sont Mercier, Villautreix, Berselli, privé d'un œil ; Chédeville et Degeyter, que l'on prend parfois l'un pour l'autre ; Miard, qui n'est connu que sous le nom de *Pain d'épices*, que lui a fait donner son visage rendu terreux par la maladie.

Des serviteurs volontaires s'offrent à soulager les infirmières au moment des repas, en portant les lourds plateaux dans les salles. Ce sont : MM. Louis Emery, valet de chambre chez M. Goussard, Frédéric Collin, chez M. Billardon, Alphonse Robin, chez M. Garnuchot, tous disposés à continuer leur utile emploi tant qu'ils ne seront pas eux-mêmes appelés sous les drapeaux.

7 septembre. — M. Lermuzeaux, pharmacien, réfugié du Cateau, va offrir ses services bénévoles à M. Dardaillon. Celui-ci, débordé par le service de la ville, qu'il reste seul à fournir, accepte avec grand plaisir et charge

M. Lermuzeaux du soin de notre pharmacie, mise un peu en désordre par les allées et venues du personnel de Troyes. Celui-ci la réorganise avec autant de zèle que de compétence.

9 septembre. — Les dons en nature commencent à affluer, grâce surtout aux tournées que Mlle J. Gagniard, présidente de la Ligue patriotique des Françaises veut bien entreprendre dans les communes où elle est si connue. Elle parle des besoins de nos blessés, provoque des dons de toutes sortes qu'elle rapporte souvent elle-même ; d'autres fois ce sont nos vaillants curés qui parcourent les paroisses et les hameaux, en charette, recueillant fruits, œufs et légumes à notre intention ; que de fois nous avons vu arriver, ainsi pourvus, M. le Curé de Lucy-le-Bois, M. le Curé de Saint-Germain, et tant d'autres.

Une bibliothèque s'est établie aussi, grâce aux envois de chacun. Revues, livres d'histoire ou de voyage, ouvrages chrétiens ou philosophiques, romans habilement reliés par Mme Holleaux mère, sont rangés et classés par MM. Robert Vallery-Radot, marquis de Duras-Chastellux, Georges Riotte, etc..., qui les font circuler dans les salles. M. R. Vallery-Radot assume en outre le service des correspondances et celui des renseignements sur les prisonniers.

10 septembre. — Premier deuil à l'Hôpital : le caporal Lallet succombe à sa mortelle blessure, assisté de son père et réconforté par les Sacrements de l'Eglise.

12 septembre. — Magnifiques funérailles faites à notre premier mort ; toute la ville y assiste, autorités en tête. M. le sous-préfet prononce un émouvant discours au cimetière, puis on porte le défunt au dépositoire, mais, le soir même, son père ayant reçu télégraphiquement une autorisation du général, peut emmener le corps du jeune soldat à Périgueux.

16 septembre. — Première séance de radiographie. Une voiture-ambulance amène l'appareil nécessaire pour radiographier nos blessés et déterminer avec sûreté la position et la grosseur des éclats à extraire. On dispose une chambre noire et nous allons admirer cette nouvelle et si utile découverte de la science.

18 septembre. — De nouvelles infirmières se sont proposées à l'hôpital. Mlle Serrurier vient chaque jour de Sauvigny, à bicyclette ; Mlles Louise Gueneau et Blanche Sébille commencent leur stage, tout en faisant les études nécessaires pour l'obtention du certificat. Enfin, Mme Frizon, garde-malade de Clermont-en-Argonne et ayant le diplôme de la Croix-Rouge, nous apporte aussi un précieux concours.

20 septembre. — Mort de la Bonne Mère Saint-Théodore, Religieuse de Saint-Charles, expulsée par les décrets, qui s'éteint sans maladie, à l'âge de quatre-vingt-sept ans.

22 septembre. — Depuis quelque temps, les soldats de passage à Avallon sont amenés par Mlle Cambon ou les dames de son Comité pour se réconforter à notre Hôpital. Mlle Cambon nous en dédommage par des dons en nature et, notamment, par un bel envoi de linge préparé à son ouvroir.

24 septembre. — Une douzaine de convalescents, autorisés à rester dans leurs familles, viennent chaque jour se faire panser à l'H. A. n° 9.

28 septembre. — Réunion des dames du Comité. On y nomme trois nouveaux membres : Mlle J. Gagniard, qui nous a procuré tant de dons ; Mme Neveux, femme de notre président, qui veut bien se charger de la liste de Mme Vigoureux, absente ; et Mme Baudot, si pleine de dévouement dans tous nos services.

Liste des malades soignés à l'H. A. n° 9.

Commandants : Albert, 261° inf. ; Moles, 303° inf.

Capitaines : Laffon, Bied-Charreton, 57° artil. ; Delahaye, 147° inf.

Lieutenants : Barrère, 209° inf. ; De la Chaise, 4° gr. d'art. Mar. ; Dumonthay, 119° inf. ; Laffrat, 362° inf. ; Simon, 9° chas. à cheval.

Adjudants : Loyeux, 131° inf. ; Marchis, 7° drag. ; Raysson.

Sergent-major : Tirel, 8ᵉ d'inf. coloniale.
Sergents : Barbier Alcide, 132ᵉ inf.; Paul, 155ᵉ inf.
Brigadier : Poulaine, 46ᵉ art.
Caporaux : Lallet, 50ᵉ inf. (décédé); Marcel Biron, 76ᵉ inf.
Soldats : G. Delmas, 250ᵉ inf. ; Sernippens, 156ᵉ; Martinach, 6ᵉ ch. à ch. ; Mercier, 50ᵉ ch. à p. ; Villautreix, Berselli, 40ᵉ inf.; Godeau, Véron, Chedeville, 304ᵉ inf. ; Degeyter, 151ᵉ inf.; Balut, 31ᵉ art. ; Solignat, 126ᵉ inf. ; Lapierre, 17ᵉ inf. ; Miard, 220ᵉ inf. ; Rossignol, Brouck, 16ᵉ ch. à pied ; Clogenson, 303ᵉ inf. ; Guindé, 44ᵉ art. ; Leprêtre, 6ᵉ bat. tr. équip.

Ce dernier, Leprêtre, est surnommé *Général Sarrail* à cause de l'attachement qu'il professe pour la famille de ce général, dont il est l'ordonnance.

14 octobre. — Départ de Berselli qui va retrouver sa femme dans le Midi.

Plusieurs personnes tricotent en ville des vêtements chauds pour nos blessés. M. le curé de Bussières met à notre disposition sa machine et son talent personnel; il tricote des chaussettes et d'excellents gilets.

M. Bouvet écrit aux comités américains pour solliciter des secours; il en obtient même directement d'Amérique par Mrs White, et la colonelle Root qui s'intéresse vivement à nos besoins.

19 octobre. — Arrivée du sergent Habert, de Cussy-les-Forges; arrivée du sergent Luc, gendre de M. le maire.

20 octobre. — Départ du lieutenant Laffrat, impatient de retourner au front.

A 1 heure, nous avons la visite de Mgr l'Archevêque de Sens qui vient témoigner sa sympathie et apporter sa bénédiction à nos chers blessés.

A 2 heures, visite de M. de Kéroman, délégué régional, qui réunit le comité des messieurs.

22 octobre. — Service solennel à Saint-Lazare pour les soldats; la quête est faite par Mme la marquise de

Duras-Chastellux et Mlle Baudot, en costumes d'infirmières.

23-24 octobre. — Journées splendides. On descend
sur brancards les blessés qui ne peuvent marcher, pour
leur faire prendre l'air sur cette magnifique terrasse qui
domine la vallée du Cousin, le château des Alleux et
celui d'Alger.

25 octobre. — Départ du capitaine Delahaye, qui
reste à Avallon, en convalescence, dans sa famille.

26 octobre. — Départ de Mercier, Villautreix, Véron
qui a été presque miraculeusement délivré de sa balle
dans les intestins ; Brouck et l'adjudant Raysson.

27 octobre. — Les blessés, étant bien moins nombreux, sont descendus au premier, salle 9.

28 octobre. — Mlle Albert, sœur du commandant,
vient voir son frère, et nous apporte, très aimablement,
ses remerciements et ceux de sa mère.

Je lui dis combien nous sommes heureux et honorés
de soigner le vaillant commandant dont la société est si
précieuse à M. l'administrateur : son patriotisme éclairé,
sa foi dans les destinées de la France sont un soutien
pour tous dans ces jours d'angoisse. Excellent malade, il
reste jour et nuit sur son étroit brancard dont sa jambe
cassée s'accommode mieux, assure-t-il, que d'un lit.

29 octobre. — Je prie Mlle Albert d'accepter à dîner
chez moi, avec le bon docteur Collinet, qui ressent fortement la fatigue de ces derniers jours.

30 octobre. — Départ de Mlle Albert qui nous recommande chaudement son frère et laisse une généreuse
offrande à l'hôpital.

31 octobre. — Sur leur demande, on porte la Sainte
Communion au lieutenant Simon et au sergent-major
Tirel, à l'occasion de la fête de demain.

1er novembre (TOUSSAINT). — Mlle Gagniard vient
distraire nos blessés par une agréable séance de projections sur le Pôle-Nord et sur la vie de Jeanne d'Arc.

2 novembre. — Charmante après-midi. M. R. Vallery-Radot veut bien monter à la salle 18 pour nous lire
de sa voix si intelligible et si prenante « Le petit Roi
de Galice » (V. Hugo. — *Légende des Siècles*).

3 novembre. — M. Bouvet revient d'un court séjour à Paris. Il nous raconte la visite de Poincaré dans les hôpitaux, et la circulaire du ministre, ordonnant une plus juste répartition des blessés.

4 novembre. — M. Quétand se rend à Paris pour une nouvelle revision.

6 novembre. — M. le principal ayant réclamé la salle 17 pour y mettre des élèves, sous-prétexte qu'elle n'était pas occupée (comme s'il était possible de loger des enfants aussi près de nos malades), ces messieurs du Comité se réunissent pour examiner la question. Ils déclarent qu'il n'est pas en leur pouvoir de distraire une partie des locaux affectés par le Ministre à l'hospitalisation des blessés.

En attendant, j'aide notre bon commandant à faire ses premiers pas dans ladite salle.

7 novembre. — Retour de M. Quétand, qui a été laissé en sursis.

8 novembre. — Séance récréative donné par le jeune Bernard Delouche, qui chante des chansons religieuses et patriotiques. Mme Corbel (de Monberthault), veut bien nous faire profiter de son beau talent de déclamation.

Le principal réclame la chambre 7, où était le sergent-major Tirel, et divers objets mobiliers.

10 novembre. — Départ du sergent Luc.

11 novembre. — Arrivée de trente-neuf blessés d'Auxerre; la salle 17 est occupée, ce qui coupe court aux réclamations du principal.

On apporte à l'Annexe les sept lits prêtés par l'ouvroir de Mme Gally.

Arrivée de dix-huit nouveaux blessés. M. Bocquet se luxe le poignet en les ramenant dans son auto; mais il assure que ce n'est rien et refuse de se laisser soigner par nos infirmières.

A minuit, M. Bouvet nous fait réveiller, ayant reçu l'annonce de cinquante-six grands blessés, mais tous les préparatifs faits, nous ne voyons venir personne.

15 novembre. — Mme la marquise de Duras-Chastellux fait apporter douze lits de son château de Chastellux, pour meubler le premier étage de l'annexe.

Jolie séance de projections donnée dans la salle du rez-de-chaussée de l'Annexe, par Mlle Gagniard. On voit défiler des vues de Rome, du Mont-Saint-Bernard... et même d'Avallon, aussi inconnues de nos chers Poilus que les précédentes. D'intéressants commentaires viennent compléter le plaisir des yeux.

Je réclame toujours inutilement le docteur Pigot. Le Service de Santé nous envoie un major pour donner des consultations ; on opère le lieutenant Simon et Jacques Even.

20 novembre. — Arrivée à l'Hôpital d'André Pinson, de Cousin-le-Pont.

21 novembre. — Adieux touchants du lieutenant Dumonthay, dont la politesse et la reconnaissance nous dédommagent de tant de tracasseries subies d'autre part. Départ de Georges Delmas, le premier blessé débarqué à notre Hôpital (3 septembre 1914.)

24 novembre. — M. le docteur Breuillard nous demande comme un service de recevoir M. l'abbé Baudin, curé de Pontaubert, qu'une hernie étranglée met en danger de mort. M. l'administrateur y consent volontiers. Le vénérable malade est opéré, puis installé dans une chambre.

26 novembre. — Sainte-Catherine, offerte à nos blessés par les élèves de Mlles Droit, qui, de leur propre mouvement, se sont privées des réjouissances de ce jour pour distribuer à nos vaillants soldats : thé, rhum, bonbons, gâteaux et cigarettes, ce qu'elles font elles-mêmes avec une bonne grâce parfaite.

L'adjudant Marchis compose ce billet de remerciement à leur adresse :

« Les blessés de la salle 9 remercient du fond du cœur les gentes dames et damoiselles qui leur ont apporté, ce jour d'huy, des douceurs et gâteries, en l'honneur de Sainte-Catherine. »

Suivent les signatures des blessés. L'un d'eux y a ajouté : « Bonne sainte Catherine, revenez tous les jours ! » C'est Miard, qui commence à mériter de moins en moins son sobriquet de *Pain d'épices*.

27 novembre. — Départ du sergent-major Tirel.

30 novembre. — Mlles Poivret, Gueneau et Sébille

passent l'examen pour le Certificat d'Infirmières, mais la première seule l'obtient. Le docteur Collinet donne des éloges à la bonne volonté des deux autres et les engage à continuer leurs études, ce qui est bien leur intention.

1ᵉʳ décembre. — Nous apprenons la mort du brave lieutenant Laffrat, reparti au front à peine guéri, et tué, le 19 novembre, d'une balle en pleine poitrine, après avoir reçu, la veille, la Croix de la Légion d'honneur.

Tout l'Hôpital le pleure, notamment le commandant Albert qui, l'ayant eu pour compagnon de chambre, avait fort apprécié ses sentiments élevés et ses procédés délicats.

2 décembre. — Temps splendide. Véritable soleil d'Austerlitz. M. l'administrateur en profite pour deman- der M. Duvergier, l'habile photographe, afin qu'il prenne un groupe général de l'Hôpital. Les blessés sont au nombre de cent six. On fait descendre tous ceux qui le peuvent et on les groupe avec le personnel, sous le faisceau de drapeaux, dans la cour d'entrée ; l'épreuve réussit fort bien.

3 décembre. — Notre zélé secrétaire, M. Melot, reçoit la nouvelle officielle de la mort de son fils unique, le caporal Léon Melot, excellent sujet, dont il était sans nouvelles depuis son départ ; il a été tué à l'ennemi le 30 août 1914.

Nous nous associons bien vivement à la douleur du pauvre père.

5 décembre. — Nouvelle visite de M. le sénateur Flandin qui nous promet de s'employer à nous obtenir un chirurgien, car notre cher docteur Collinet part, hélas ! ce même jour. Épuisé par les soins assidus donnés à nos blessés, alors qu'un état de santé très précaire aurait exigé le plus grand repos, il retourne à Paris, pour essayer de reprendre quelques forces au milieu des siens... sans se faire toutefois grande illusion.

8 décembre. — Nouvelle séance de projections sur la vie militaire, par Mlle Gagniard.

9 décembre. — Inspection du général Delrieu, qui s'informe de tout ce qui concerne le bien-être de nos hommes.

10 décembre. — Promenade à la Pierre-qui-Vire, avec M. Bouvet et le commandant Albert, maintenant convalescent. Ces messieurs sont frappés de la beauté du site et pensent qu'on pourrait y établir un lieu de repos pour nos convalescents.

12 décembre. — Départ pour Béziers du lieutenant Simon, toujours immobile, mais dont le docteur Collinet a garanti le rétablissement , bien qu'à longue échéance.

13 décembre. — Prières nationales. Un goûter est offert à nos hommes par Mlle Cambon, M. le maire et un colonel Belge.

14 décembre. — Arrivée de cinquante-cinq blessés, venant directement du front Nord.

Départ de M. l'abbé Baudin, très bien remis, qui désintéresse l'hôpital des dépenses qu'il a pu causer.

16 décembre. — Deuxième séance de radiographie. La salle de bains, mise en bon état par M. Nolin, fonctionne chaque jour.

Nous recevons de bonnes nouvelles du lieutenant Simon.

21 décembre. — Arrivée du docteur Billaudet, envoyé à notre Hôpital par le directeur du Service de Santé.

Excellent chirurgien, il s'occupe de suite des interventions reconnues nécessaires à la radiographie.

Le marquis de Duras-Chastellux est affecté comme infirmier à notre Hôpital, où il s'applique à rendre service à chacun avec beaucoup de bonne grâce. M. Bouvet apprécie fort sa collaboration au bureau et son esprit de discipline.

25 décembre (Noël). — Le sergent Aberlen, du 4ᵉ Zouaves, chante, à Saint-Lazare, le *Pater* de Niedermayer, à la Grand'messe, et le *Tantum ergo* de Lebeau, à Vêpres. Le goûter est offert par les élèves de la pension Jeanne-d'Arc.

Coup d'œil rétrospectif sur les quatre mois précédents.

Grâces à Dieu! Notre Hôpital est en pleine prospérité. Les envois en nature se multiplient : il n'est pas de semaine où nous ne puissions donner de la volaille à nos blessés. M. Bouvet, avec sa délicatesse habituelle, la leur réserve exclusivement, interdisant d'en servir à sa table ni à celle du personnel. Nous avons reçu d'importants envois en vins vieux pour nos malades, et en Champagne, qui est réservé aux opérés. Le linge a été amené en telle quantité qu'il encombre la vaste salle de l'ouvroir et les salles adjacentes. Les collaboratrices de l'infatigable Mme Gally, de plus en plus nombreuses, travaillent jusque dans les couloirs et ont fort à faire pour fournir aux besoins de l'Hôpital : rideaux, costumes d'infirmières, vestons d'infirmiers, objets de pansements, etc.., et pour faire le triage du linge envoyé incessamment. Une activité non moins grande règne à la lingerie de l'Hôpital, sous la direction de Mme Henriot, dont le dévouement ne s'est pas ralenti. Il s'agit du blanchissage et de l'entretien du linge, du soin d'étiqueter les effets personnels de chaque blessé, quel que soit leur état de malpropreté, parfois repoussante.

Mmes Manificat et Ninot ont dû quitter, appelées par d'impérieux devoirs de famille ; elles sont remplacées par Mme Baudot, Mlles Berthe Couron, Gérouville, Kwiatkowska et M.-Elisabeth Goussard, ainsi que quelques autres, si bien qu'un aimable Américain visitant la lingerie avec M. Bouvet, a pu lui dire : « I never saw such a lot of charming faces in so small a room. » (Je n'ai jamais vu dans une si petite pièce une telle réunion de charmants visages).

M. Lermuzeaux, enfin affecté officiellement à la pharmacie, qu'il dessert dès le début avec tant de désintéressement, se multiplie auprès de nos blessés, secondant et remplaçant parfois les docteurs.

Il prend alors, par ordre, le costume militaire ainsi que M. Quétand qui devient de plus en plus le bras droit de M. Bouvet dans les services intérieurs ; il surveille la dépense, les caves, fait les achats avec intelligence et

économie et mérite la confiance que lui témoigne
M. l'administrateur. Notre bibliothèque se meuble de
plus en plus, les livres, recouverts et classés à nouveau,
circulent dans les salles.

Plusieurs dames viennent obligeamment aider au
service du réfectoire, et même aux soins de la cuisine,
toujours dirigée par notre bonne Reine, à la satisfaction
générale ; seulement le bouillon de légumes ou de céréa-
les destiné aux grands malades a dû être soustrait à ses
soins et confié à ceux de la pharmacie, depuis que nous
nous sommes aperçus que notre brave Reine, en dépit
de toutes les recommandations contraires, y ajoutait en
cachette quelques pochées de bon bouillon de bœuf, en
disant avec un sourire : « Cela ne peut pas leur faire du
mal, » ou bien : « Ils ne s'en plaindront pas. »

Mais de sa cuisine, tous sont satisfaits et les « pommes
frites, » surtout, ont une réputation colossale.

Cependant, les infirmières se multiplient dans les
salles, sous la direction des infirmières-major. La grande
salle 18 — à trente-deux lits — est confiée à Mlle Baudot,
qui occupe une petite chambre contigüe. Toujours sur la
brèche, dès le début, elle ne quitte l'Hôpital ni jour, ni
nuit ; déjà expérimentée dans les questions graves,
sachant aussi bien panser ses hommes que s'en faire
obéir et les distraire. Elle surveille encore les chambres
21, 22, au deuxième étage, 10 et 13, au premier, aidée de
Mlles Poivret, aussi modeste que dévouée, Germaine
Bachelin, très résistante, très active, quoique toute
mignonne et réservée. Mlle Serrurier, de Magny, et
Mme Machin (Jeanne Chanut), n'ont pu continuer leur
concours pour des raisons de famille ou de santé. La
grande salle 17, la salle 20, au deuxième, les salles 9,
11 et 12, au premier, sont dévolues à Mme la marquise
de Duras-Chastellux, qui, dès la première arrivée de
blessés, a quitté son château. Installée dans un pied-à-
terre tout proche de l'Hôpital, elle ne quitte guère
celui-ci et prodigue à ses blessés les soins les plus
intelligents et les plus maternels ; d'une grâce charman-
mante avec tout le personnel, elle ne souffre pas qu'on
la décharge des soins — même les plus bas — qu'elle
regarde comme l'apanage de l'infirmière ; Mlle Gueneau
et Mme Frizon, dès longtemps habituées à soigner les
malades, Mme Béra, qui a servi dans les dispensaires

de Paris, Mme Manceaux, Mlles Landry, G. Barbier et Sébille, sont sous ses ordres ou la suppléent en cas d'absence forcée; Mme Geoffroy-Saint-Hilaire, femme du docteur, nous apporte un concours intermittent.

Enfin, Mme Noël-Corniau, avec un dévouement qui dépasse ses forces, s'occupe de l'annexe (bâtiment de l'école primaire supérieure, qui est au bout de la terrasse) avec le concours de Mlles Bailly et Bouilloux, de Sauvigny, qui, malgré leur éloignement, viennent plusieurs fois par semaine.

M. Bouvet, outre son bureau et les écritures, a l'œil à tout, surveille le bon fonctionnement de tous les services, y entretenant la plus stricte économie ; avertissant paternellement les infirmières des imprudences que l'inexpérience pourrait leur faire commettre ; s'intéressant aux blessés, surtout aux plus malades ; faisant lui-même le jus de viande de l'un, le plat sucré réclamé par un autre ; se relevant la nuit pour s'assurer de leur état, s'occupant aussi de procurer à tous d'agréables distractions.

1ᵉʳ janvier 1915. — Distribution d'excellents pains de gruau offerts par la maison Sébille et de délicates meringues confectionnées par Mme Labbé.

6 janvier (FÊTE DES ROIS). — Nos enfants de chœur ont eu la bonne pensée de consacrer leurs étrennes aux blessés et leur apportent des galettes pour tirer les Rois, avec des liqueurs, des oranges et des cigares.

8 janvier. — Aujourd'hui, c'est M. P.-Et. Flandin, notre jeune député, qui envoie comme étrennes des douceurs à nos hommes.

15 janvier. — Visite du général Polin, directeur du service de santé du Vᵉ corps.

22 janvier. — Arrivée de soixante-douze blessés venant de Châlons ; quarante sont envoyés chez nous, vingt et un à l'hospice civil et onze au pensionnat Jeanne-d'Arc, que le service de santé a désigné comme annexe de l'H. C. nº 53. Comme rien n'y est encore organisé nous y portons des draps et du linge, quelques personnes prêtent des oreillers et des couvertures ; Mmes Moreau-Fabre et Béra s'y installent pour soigner les hommes qui, n'étant pas bien malades, viennent prendre leurs repas chez nous. Nous baignons aussi ceux qui en ont besoin.

26 janvier. — M. le major Billaudet décide le renvoi de Dégeyter, pour indiscipline.

30 janvier. — Visite de M. de Kéroman, délégué régional.

6 février. — Nous apprenons avec plaisir la nomination du brave lieutenant Dumonthay au grade de capitaine.

9 février. — Départ de l'excellent commandant Albert, dont la bienveillance, l'esprit distingué et le vaillant optimisme ont conquis tous les cœurs ; il laisse de grands regrets à l'Hôpital, surtout à M. l'administrateur qui trouvait, dans sa société, charme et réconfort.

Je pars ce même jour à Orléans chercher mon petit-neveu, André Arthaut, atteint de congestion pulmonaire ; son père étant au front, sa mère prisonnière à Douai, j'obtiens son hospitalisation à l'H. A. n° 9.

16 février (MARDI-GRAS). — Séance de projections par Mlle Gagniard. Histoire de l'aérostation, depuis Montgolfier, Nadar, Godart, jusqu'à l'aviation moderne. — Scènes de la naissance de Notre-Seigneur Jésus-Christ. — Scènes enfantines.

22 février. — Le gestionnaire du futur H. C., n° 53 (hôpital militaire), nous annonce que celui-ci sera prêt à fonctionner le 1er mars ; en attendant, ses infirmiers prennent pension chez nous depuis une quinzaine de jours.

23 février. — Je rencontre à la salle de bains le soldat Marmiesse, du 138e d'artillerie, qui me dit avoir servi autrefois au 21e, sous les ordres du colonel Arthaut, alors commandant.

26 février. — Arrivée de quarante-deux blessés de Champagne, couverts de craie et de boue. Il y a beaucoup de Bretons et de soldats du 1er d'artillerie. On embauche Camille Laporte pour aider au service de l'Annexe, qui se garnit de plus en plus.

3 mars. — Troisième séance de radiographie, où l'on constate que Marcel Biron a une balle dans le cerveau et un éclat d'obus dans la tête.

Nous apprenons la mort de Pierre Bauchard. Né à Avallon, où son père était alors procureur, il vient de succomber à ses blessures à l'hôpital de Verdun. Sa mère est réfugiée ici, chez le docteur Breuillard, avec ses deux petits-enfants, tandis que M. Bauchard père et sa bru, demeurés prisonniers à Laon, ignorent leur malheur et ne peuvent donner de leurs nouvelles.

4 mars. — L'habile docteur radiographe Delapchier procède à des opérations avec le docteur Billaudet. Ils extraient la balle du sergent Barbier, qui, du poumon, a voyagé jusque sous l'omoplate. C'est réjouissance dans tout l'hôpital où l'on estime grandement le brave sergent. Installé dès le début avec l'excellent adjudant Loyeux, tous d'eux s'entendent et s'entr'aident à merveillle.

Depuis quelques jours, nous avons en convalescence le frère de Barbier, qui relève d'une fièvre typhoïde.

Mlles Gueneau et Sébille, qui ont sérieusement travaillé leur examen, obtiennent leur certificat de M. le docteur Breuillard.

5 mars. — Opération très heureuse de Bernard (salle 18), extraction d'une balle dans la cuisse.

6 mars. — Inauguration du chauffeur à gaz qui nous permettra de donner des douches chaudes à la salle de bains ; jusqu'ici on avait chauffé les bains avec un appareil donné par Mme la marquise de Duras-Chastellux et qui est maintenant hors d'état, par un usage répété.

Mme Jaquot, femme de l'inspecteur des forêts, et mère de six enfants, vient nous aider fréquemment dans ce service ; Mme Blanchet va à l'annexe pour seconder Mme Corniau ou la remplacer lorsque ses forces trahissent son courage.

12 mars. — Départ du frère de Barbier pour Saint-Brieuc.

13 mars. — Visite et inspection du commandant Bonnet, qui nous demande de mettre des convalescents à la Pierre-qui-Vire ; nous lui promettons d'étudier la question.

14 mars. — On annonce une arrivée de blessés ; on prépare les lits restés libres ; à 10 heures et demie, il en arrive vingt-cinq, dont quatorze pour nous et onze pour l'hôpital civil.

15 mars. — On baigne les nouveaux arrivés.

16 mars. — Visite de M. l'abbé Lepage, qui vient s'entendre sur le projet de succursale à la Pierre-qui-Vire.

20 mars. — Arrivée inopinée de Mme Loyeux ; elle vient surprendre son mari avec sa petite Éliane, qui devient la gâtée et la petite poupée des infirmières ; le malade éprouve un mieux sensible de leur présence.

Mme Geoffroy-Saint-Hilaire prévient qu'elle va cesser son service, pour raisons de famille ; Mmes Henri Holleaux et Fortier semblent décidées à se joindre à nous, ce qui nous cause une vive satisfaction.

22 mars. — Voyage de M. Bouvet à Auxerre, pour négocier la création d'une annexe à la Pierre-qui-Vire.

24 mars. — Le commandant Bonnet arrive en auto avec sa famille pour visiter la Pierre-qui-Vire. M. Kieffer, veut bien nous conduire dans la sienne, M. l'administrateur, M. le docteur Billaudet et moi. On visite le monastère et on déjeune au réfectoire. Le commandant parle dans la conversation de mon cousin, le docteur Aubry, sénateur de Constantine, qu'il a bien connu en Algérie.

L'H. C. n° 53 étant enfin ouvert, route de Lormes, dans la propriété du docteur Billaudet, nous allons le visiter : M. l'administrateur, M. le curé de Saint-Martin, Mmes Béra, de Duras-Chastellux et moi.

29 mars. — Les dames de la lingerie revêtent le costume réglementaire des infirmières.

3 avril. — Réunion des infirmières au réfectoire. M. l'administrateur lit les nouvelles circulaires concernant le port obligatoire du costume dans tous les services intérieurs, et les devoirs relatifs à leurs fonctions. Enfin, il fait part des facilités accordées par le conseil central pour augmenter leur nombre qui devient trop restreint. A notre grande joie, Mmes H. Holleaux, Jaquot, Fortier et Mlles Kwiatkowska se font inscrire et commencent aussitôt leurs études.

4 avril (JOUR DE PAQUES). — Une partie de nos hommes accompagne M. Bouvet à Saint-Lazare, pour la Communion pascale.

6 avril. — Visite de M. de Kéroman. Il nous annonce que l'Annexe de La Pierre-qui-Vire est considérée par le Service de Santé comme déjà ouverte depuis le 1er avril. M. le major Billaudet propose M. l'abbé Prévost, doyen de Flogny, mobilisé, comme infirmier gradé, pour diriger cette Annexe ; M. de Kéroman promet d'en faire la demande.

7 avril. — Obsèques de M. le colonel Lefebvre-Nailly, grand blessé de la guerre 1870-1871. M. l'administrateur y conduit une délégation de notre Hôpital.

M. le baron et Mme la baronne de Courcel, père et mère de Mme la marquise de Duras-Chastellux, viennent visiter nos blessés ; ils leurs témoignent la plus grande bienveillance et laissent une généreuse offrande.

8 avril. — Mme Manceaux quitte l'Hôpital, au grand regret de ses malades ; Mme Fortier la remplace.

9 avril. — Le R. P. Albéric, franciscain, faisant momentanément fonctions de vicaire à Saint-Lazare, vient préparer ceux de nos hommes qui ne peuvent sortir et désirent accomplir leur devoir pascal.

10 avril. — La chambre de Loyeux sert de chapelle pour cette Communion.

Visite de Mme Peltier jeune, qui nous transmet la généreuse proposition du docteur Servant, de Cussy-les-Forges, offrant de recevoir et de soigner chez lui, à ses frais, six blessés. Comme le Service de Santé n'en donne pas moins de vingt à la fois, je demande s'il voudrait bien nous prêter, pour la Pierre-qui-Vire, les lits dont il dispose.

12 avril. — M. E. Morio a l'obligeance de nous conduire en auto à La Pierre-qui-Vire, pour examiner quels seront les travaux à exécuter On convient de faire blanchir à la chaux le grand dortoir et M. Bouvet prend note de tout le matériel qui sera nécessaire.

13 avril. — M. de Kéroman fait savoir que M. l'abbé Prévost est affecté à la Pierre-qui-Vire, ce qui nous donnera toute tranquillité.

Mme Duval, héritière du colonel Nailly, envoie à l'Hôpital une voiture d'effets : vingt-cinq chemises de flanelle, cinquante paires de chaussettes, des caleçons, gilets, vêtements de caoutchouc.

14 avril. — Arrivée de l'abbé Prévost, qui visite notre Hôpital, et se met au courant de ses futures fonctions.

15 avril. — Départ du sergent Alcide Barbier, qui laisse le meilleur souvenir à l'Hôpital, comme à ceux qui l'ont connu en ville.

18 avril. — J'apprends par M. Goussard, qui y apporte les ménagements les plus affectueux, la terrible nouvelle de la mort de mon cher filleul, Laurent Arthaut, « tué le 14 mars d'une balle en plein cœur, alors qu'il plaçait un mortier, sous un feu violent, dans une tranchée de première ligne. »

Son père, toujours au front, sa mère prisonnière à Douai, n'ont pu être avertis de la perte cruelle qu'ils viennent de faire. J'écris à son commandant et au dépôt pour avoir tous les renseignements possibles.

20 avril. — Mlle Geneviève Lepoix entre comme infirmière à la pharmacie et est chargée de l'autoclave, Mme Rétif ne pouvant venir régulièrement, à cause de l'éloignement.

Mlle Pelletier, de Cussy-les-Forges, offre ses services comme veilleuse de nuit, et prend un pied-à-terre en ville.

22 avril. — Départ de Marcel Biron.

M. l'abbé Lepage vient conférer avec M. Bouvet sur les travaux de La Pierre-qui-Vire. Ce dernier charge Le Gall, convalescent de l'Annexe et maçon de son état, du blanchissage du grand dortoir.

24 avril. — Tout l'Hôpital est en deuil ; on nous a appris la mort du regretté docteur Collinet survenue le 23. Ses anciens malades ne tarissent pas sur son habileté et sa grande bonté envers eux. On va le ramener à Avallon, dans le caveau de famille.

26 avril. — Obsèques du docteur Collinet. L'Hôpital y assiste en corps et le pleure bien sincèrement.

2 mai. — M. Bouvet se rend à La Pierre-qui-Vire et décide de faire monter l'eau dans les lavabos. On commence à y recevoir des dons en pommes de terre et légumes ; des personnes de Saint-Léger et des environs prêtent des objets de literie.

3 mai. — Nouvelle tristesse ! Nous apprenons la mort de Pierre Peslier, qui a succombé aux blessures reçues à Pont-à-Mousson ; nous nous souvenons avec reconnaissance du dévouement qu'il mit à former nos brancardiers et à organiser les premiers transports de blessés.

5 mai. — Service religieux à Saint-Lazare, pour le repos de l'âme de mon cher Laurent ; un bon nombre de nos soldats et du personnel de l'Hôpital se joignent aux parents et amis présents. Notre cousin, M. Aubert, est venu tout exprès de Semur pour remplacer avec moi les pauvres parents absents et qui ne connaissent pas même leur malheur.

6 mai. — Départ de l'adjudant Loyeux, avec sept autres convalescents.

7 mai. — On fait à Miard une grave opération qui a une très bonne réussite.

9 mai. — Départ de Clogenson, un de nos premiers blessés dont on voulait, à Troyes, amputer les deux jambes fracassées par la mitraille ; le docteur Collinet avait prédit qu'il les conserverait et pourrait s'en servir, quoique avec un peu de claudication, prophétie que nous voyons avec joie se réaliser.

11 mai. — Inspection du contrôleur, général Beuve-Méry, avec son personnel, au milieu duquel nous reconnaissons notre juge suppléant, M. Guidon, mobilisé.

12 mai. — Nous nous rendons à La Pierre-qui-Vire, par Quarré, pour arrêter avec Terre, zingueur, les travaux de canalisation nécessaires pour l'ascension de l'eau au premier étage. Dans l'après-midi, nous recevons la gracieuse visite de Mlle Morvand et de Mme Baudon (de Saint-Léger), qui viennent s'offrir comme lingères de la future annexe, ce que nous acceptons avec la plus vive reconnaissance. Mme Baudon, qui est originaire de Pau, reconnait M. Bouvet et se nomme à lui.

Le soir même nous recevons vingt-neuf blessés des

tout récents combats d'Arras. On en envoie également soixante à l'hôpital complémentaire 53, qui n'en a pas encore reçu.

14 mai. — Arrivée de trente-six nouveaux blessés d'Arras.

Mme Lamare, femme du percepteur d'Avallon, personne éminemment charitable, offre ses services qui seront précieux à la salle de bains, ainsi qu'à la dépense et à la cuisine, pour laquelle elle est fort entendue.

17 mai. — Arrivée de onze blessés, dont six officiers, que le gestionnaire du 53 préfère nous envoyer, disant que nous sommes mieux organisés pour les recevoir.

18 mai. — Visite générale de l'Hôpital par M. Letaincturier, préfet de l'Yonne, accompagné de M. le sous-préfet et de MM. les docteurs Billaudet, Barraud et Michaux.

21 mai. — Départ des quatre premiers convalescents envoyés à La Pierre-qui-Vire : trois capitaines et un lieutenant.

24 mai. — Le nombre de nos lits est porté à cent cinq, ce qui, avec les trente-cinq de La Pierre-qui-Vire, donne un total de cent quarante.

Le docteur Billaudet nous exprime le désir d'en voir établir vingt autres, dont douze seraient installés au rez-de-chaussée de l'annexe qui servait, jusqu'alors, de salle de récréation et les huit autres dans la salle restée inoccupée derrière la salle 9.

26 mai. — Obsèques du zouave Andrieu, mort à l'H. C. 53. J'assiste sa sœur et sa belle-sœur arrivées pour la triste cérémonie : c'est le premier soldat inhumé au cimetière, puisque le caporal Lallet a été emmené par son père ; le maire et le sous-préfet prononcent des discours.

Nous avions été la veille à Cussy-les-Forges pour voir le matériel dont dispose le docteur Servant, qui nous a fait, ainsi que les siens, le plus bienveillant accueil.

28 mai. — Départ, pour La Pierre-qui-Vire, de six hommes de l'H. C. 53.

30 mai — Je reçois de bonnes nouvelles de l'adjudant Loyeux, auquel on a fait quelques opérations à l'H. A. d'Orléans.

31 mai. — Voyage de M. Bouvet à Lyon, pour commander la bannière dont il veut faire hommage à notre Comité ; il va surprendre le commandant Albert, alors près de sa mère, et tous deux sont bien heureux de se revoir.

4 juin. — M. Bouvet conduit quatre hommes à La Pierre-qui-Vire ; vingt-neuf autres quittent notre Hôpital.

8 juin. — Visite solennelle de Mgr l'Archevêque, qui épingle à chacun l'insigne du Sacré-Cœur.

Nous recevons, du Service de Santé, les vingt lits réclamés par le docteur Billaudet.

A 9 heures du soir, arrivée de quarante hommes, blessés la veille à Arras.

9 juin. — Les infirmières assistent à la Messe célébrée par Mgr l'Archevêque et à l'issue de laquelle il monte en chaire pour bénir notre bannière que tient M. l'abbé Prévost. Il remercie les infirmières et les exhorte à continuer leur tâche de dévouement, soutenues par la piété et la charité.

Toutes entourent et reconduisent la bannière à l'Hôpital, accompagnées des dames du Comité qui attendent dans la cour M. Bouvet, pour le remercier de ce précieux souvenir ainsi que du dévouement dont il donne des preuves incessantes à l'Hôpital.

9 juin. — Inauguration des douches à la salle de bains, ce qui permet de nettoyer bien plus vivement les nouveaux arrivants et de renouveler plus souvent aux autres les bienfaits de l'hydrothérapie. Les bains, du reste, continuent à fonctionner : bains simples, sulfureux, et bains spéciaux pour ceux qui sont atteints de l'affection désagréable, quoique peu dangereuse, nommée la gale ; c'est alors Mlle Baudot, avec son dévouement coutumier, qui leur fait les frictions nécessaires.

10 juin. — Mme Corniau offre un café général à l'occasion du soixante-cinquième anniversaire du mariage de ses parents, M. et Mme Marais.

Quatrième radiographie. Le docteur Delapchier doit séjourner plusieurs jours et voir tous les hôpitaux. Rixe entre deux Algériens et le colonial Exposito. M. Bouvet, en s'interposant pour les séparer, est légèrement blessé à la jambe.

11 juin (FÊTE DU SACRÉ - CŒUR). — Le docteur Delapchier radiographie toute la matinée et va, dans l'après-midi, visiter La Pierre-qui-Vire. Nos officiers, de leur côté, prennent une voiture pour voir Vézelay et les grottes d'Arcy.

12 juin. — Les trois délinquants de dimanche sont transférés à l'H. C. 53 et l'on décide de réunir les Noirs de notre Hôpital dans une même salle.

Consécration de la France et des familles au Sacré-Cœur.

14 juin. — Nous allons à La Pierre-qui-Vire visiter nos convalescents qui se montrent très satisfaits de leur sort. M. Prévost s'efforce de les distraire par des promenades et des parties de pêche. Le major Grenot, toujours souffrant, garde la chambre.

On opère à la salle de radio, le docteur Michaux et l'adjudant Chevallier.

16 juin. — Nouvelle organisation des infirmières : on décide que toute infraction d'une infirmière à la discipline entraînera son affectation momentanée dans les services auxiliaires.

17 juin. — Inspection du colonel Gerbeau ; il ne ménage pas ses éloges sur la bonne organisation de notre Hôpital. Il nous annonce que l'annexe de La Pierre-qui-Vire devra prendre le nom d'H. A. n° 48 et recevoir tous les convalescents directement de chez nous. Ceux de l'H. C. 53 qui seront désignés pour y aller, devront d'abord être évacués à l'H. A. n° 9.

21 juin. — Arrivée de l'abbé-infirmier Roger-Marie Ferrier, vicaire à La Chapelle-Saint-Laurent (Deux-Sèvres), envoyé pour seconder l'abbé Prévost à La Pierre-qui-Vire. Il est accompagné de Huet, infirmier destiné à notre Hôpital.

Mme Dordet met obligeamment son âne à notre disposition pour le transport du linge à Sous-Roche, et les courses de l'Hôpital, ce qui nous rend un très grand service.

24 juin. — Départ de quatorze convalescents. M. Bouvet en conduit quatre autres à l'H. A. 48.

25 juin. — Naissance de la petite Geneviève Quétand déclarée à la mairie par MM. de Duras-Chastellux et Lermuzeaux.

26 juin. — M. le major Billaudet a reçu avis de son prochain changement ; ce serait un grand malheur pour notre Hôpital, où nous apprécions chaque jour sa grande habileté comme chirurgien, son exactitude et son dévouement dans ses fonctions.

Arrivée de vingt petits blessés d'Epernay et de Châlons. M. Bouvet en conduit cinq au 48.

4 juillet. — M. l'administrateur reçoit une dépêche du général Polin réclamant l'abbé Prévost et Coignot, le seul de nos infirmiers qu'on ait pu employer aux pansements. Il répond que nous ne pouvons nous passer d'eux, tant qu'ils n'auront pas de successeurs ; on leur accorde un sursis.

5 juillet. — M. le docteur Billaudet m'annonce qu'à sa grande surprise, il a reçu l'ordre de rester provisoirement chez nous, ce qui me réjouit fort. Il a pu enfin arranger, avec le principal, la question des water-closets indispensables à notre annexe de la terrasse, et qu'on va établir.

6 juillet. — Arrivée de l'infirmier Blondelot qui va remplacer Coignot.

10 juillet. — Départ de l'abbé Prévost et de Coignot pour le bastion n° 17. L'abbé Ferrier reste chargé de l'H. A. 48. Nous offrons à Mmes Morvand et Baudon, qui y travaillent régulièrement, le titre de dames auxiliaires, avec le droit de porter le costume d'infirmière ; Mlle Cordin, de Saint-Léger, se joint à elles.

14 juillet. — Repas soigné offert à nos blessés, à l'occasion de la Fête Nationale, par Mmes Potot, Millot, etc., avec le produit de la vente des bonbons.

15 juillet. — Départ de vingt-trois convalescents, dont le lieutenant Dumont. Sept autres sont envoyés à l'H. A. 48.

Nous apprenons avec grand regret la mort du vaillant capitaine Dumonthay, tué à l'ennemi.

16-17 juillet. — Inspection du général Maréchal. Il se rend à La Pierre-qui-Vire ; il admire la beauté du site et exprime le désir d'y voir un bien plus grand nombre de convalescents. Nous répondons que nous sommes tout prêts à le satisfaire, s'il nous obtient un gradé pour garder les hommes, et un pharmacien pour parer aux accidents possibles ; nous lui démontrons combien le départ de l'abbé Prévost nous a fait faute, l'abbé Ferrier n'ayant pas de grade et étant encore bien jeune pour une si lourde responsabilité.

18 juillet. — On apprend, en ville, la mort du commandant Louis Gueneau, d'Avallon, oncle de Mlle Lepoix, qui a été tué à l'ennemi.

19 juillet. — Visite de M. Neveux, président du Comité, qui paraît satistait de la marche de l'Hôpital.

20 juillet. — M. Edouard Corniau vient nous annoncer que son frère André est disparu. On espère qu'il est au nombre des prisonniers.

21 juillet. — Mme Leproust et Mlle Aline Binoux, étant ici en vacances, viennent nous offrir très gracieusement leurs services ; nous acceptons d'autant plus volontiers qu'il y a de plus en plus à faire à la lingerie et à la cuisine.

23 juillet. — On reçoit à l'Hôpital confirmation du triste bruit qui courait en ville de la mort de l'aspirant Baudot, tué à l'ennemi. Il aurait été inhumé par ses camarades au cimetière de Mareuil. C'est une consternation générale et nous ne savons comment annoncer cette douloureuse nouvelle à sa vaillante sœur, tout absorbée dans son héroïque tâche, à sa pauvre mère, déjà éprouvée à tant de reprises dans ses plus chères affections et qui avait tout lieu de se complaire dans un fils, si distingué sous tous rapports, ne lui ayant jamais donné que joie et consolation. Pour moi, je l'aimais comme l'ami intime de mon cher Laurent : leurs natures si pures, si élevées, étaient bien faites pour se comprendre. Il avait été très affecté de la mort de Laurent et avait confié à sa sœur qu'il pensait partager son sort.

Le même jour, M. Aubert, de Semur, m'écrit la mort de son fils unique, le lieutenant-colonel Victor Aubert, tombé au Champ d'honneur, le 21 courant. Les obsèques ont pu avoir lieu à Commercy, le 23, en présence de sa veuve.

Je vais à Semur porter à M. Aubert, si cruellement atteint, mes condoléances émues.

29 juillet. — M. Deschamps, pharmacien mobilisé d'Avallon, est affecté à notre Hôpital et envoyé à La Pierre-qui-Vire, en remplacement de l'abbé Ferrier.

Obsèques de M. Bernard Dalbanne, d'Avallon, mort de maladie contractée au service et qui était accouru, dès la première heure, nous aider comme brancardier. Nous y assistons en corps.

31 juillet. — Visite de condoléances à Mme Dalbanne, sa mère, au château d'Alger.

5 août. — Quelqu'un nous avait suggéré de demander, comme infirmier, l'abbé Vulliez, curé de Saint-André de Joigny, mobilisé et actuellement sans emploi ; mais il répond qu'étant du service armé, il ne peut être envoyé dans les Hôpitaux auxiliaires.

6 août. — Commencement de la neuvaine demandée par les Cardinaux, pour l'Assomption.

9 août. — J'ai reçu une lettre de mes cousines de Bretagne qui avaient accueilli le sergent Alcide Barbier, à Saint-Brieuc ; celui-ci, bien guéri, est prêt à repartir en Alsace.

11 août. — Service pour le cher Maurice Baudot. Assistance très nombreuse de la ville et de notre Hôpital, où il avait apporté un concours sérieux jusqu'à son départ pour l'armée. Sa mère et sa sœur y continuent, malgré leur immense douleur et avec un courage au-dessus de tout éloge, leur mission de dévouement et de charité.

On annonce le prochain départ du docteur Barraud appelé à Orléans et affecté au 45ᵉ d'artillerie. Toujours fidèle à notre Hôpital, malgré une besogne urgente en ville et dans les campagnes, aussi soigneux que compétent, le docteur a collaboré à toutes les opérations faites à l'H. A. n° 9 et témoigné la plus grande bienveillance à nos blessés ; son départ nous laissera les plus vifs regrets.

12 août. — M. Bouvet, ayant été chercher des soldats guéris à La Pierre-qui-Vire, ramène aussi le breton Yves Abiven qui a fait une rechute et paraît en danger.

13 août. — M. de Duras-Chastellux est mandé à Orléans ; son départ nous causera un double préjudice, en nous privant de ses utiles services au bureau, et en rendant plus difficile et moins fréquente la présence, si précieuse, de la marquise à l'Hôpital.

15 août. — Adieux de M. le docteur Barraud et du marquis de Chastellux.

17 août. — Anniversaire de l'arrivée de M. Bouvet. Les dames auxiliaires étant nombreuses à la cuisine et fort entendues, on fait des confitures, des pruneaux, des conserves de haricots verts, de fruits en bouteille, etc.

En même temps, la bonne Mme Lamare nous édifie par l'humilité pleine de charme avec laquelle elle s'intitule la « servante de Reine » et par un esprit de foi qui se traduit journellemement en des paroles d'ardente confiance en Dieu.

18 août. — Arrivée du major Delapchier et cinquième séance de radiographie.

21 août. — L'abbé Georgin, brancardier, en permission à Montréal demande à être hospitalisé chez nous à la suite d'un accident de bicyclette ; il est envoyé à La Pierre-qui-Vire, ce dont il paraît extrêmement satisfait.

23 août. — Réunion du bureau pour arrêter le cérémonial de la remise de la Croix de guerre au lieutenant Jamin.

Les autorités devant y assister, M. Billardon a été mandé dans le cabinet du sous-préfet ; celui-ci lui dit qu'il ne pourrait se rendre à la cérémonie si nous conservions le drapeau du Sacré-Cœur et lui montre la circulaire du 8 juillet, interdisant d'exhiber sur *la voie publique* des drapeaux tricolores portant des insignes ou des initiales. Je fait remarquer à ces messieurs que ce drapeau n'est nullement *sur la voie publique* puisqu'il est à la porte du fond, dans la cour intérieure ; M. Billardon pense que cette cour peut être considérée comme la voie publique, tout le monde ayant accès, aussi bien pour affaires avec le principal du collège que pour notre Hôpital. M. Goussard ajoute qu'il faut se soumettre et agir courtoisement avec les autorités, qui nous témoignent de la bienveillance.

M. Melot défend l'insigne du Sacré-Cœur que le gouvernement entend proscrire et exprime l'espoir qu'il sera un jour placé légalement sur le drapeau national, enfin M. Bouvet ajoute que les circulaires de la S. B. M. recommandent la plus grande prudence ; il offre de rentrer le drapeau du Sacré-Cœur à l'intérieur de son bureau, d'où il continuera à protéger l'Hôpital. Devant l'avis de ces messieurs, je n'ai plus qu'à m'incliner, malgré le chagrin profond que j'en éprouve.

24 août. — Notre cher drapeau est installé dans le bureau de M. Bouvet.

Nous faisons une démarche auprès du docteur Breuillard pour lui demander de reprendre le service de M. Barraud ; il répond que cela lui est d'autant plus impossible que, déjà âgé et souffrant, il doit s'occuper de la clientèle de tous ses confrères mobilisés, du service des enfants assistés, de celui des cheminots, etc.

Il préfère donner sa démission, afin que le Service de Santé, nous voyant démunis, nous envoie le major qui nous est indispensable. Nous sommes obligés de nous incliner devant ces arguments et nous quittons le docteur en le remerciant de tout ce qu'il a fait pour l'Hôpital.

25 août. — Service pour Paul Arboisières, enfant du pays, tué à l'ennemi.

Remise solennelle de la Croix de guerre au lieutenant Jamin. La terrasse, décorée avec goût, est ornée de six faisceaux de drapeaux avec cartouches aux armes de la Croix-Rouge ; au milieu, sur un tapis, sont disposés des sièges pour Jamin, son « parrain » l'adjudant Chevallier et les autorités ; à droite, le comité des messieurs ; à gauche, celui des dames ; les infirmières et les invités : commandant Diez ; baronne Coster ; famille Jacob, de Cussy-les-Forges ; Mmes Billardon, Holleaux, Leproust, Billaudet, Prévost, etc. ; au fond, tous nos hospitalisés.

Le phonographe joue la *Marseillaise;* M. le major Billaudet prononce un charmant discours disant combien réconfortant est le spectacle de nos braves blessés qui ne font aucune montre de leur héroïsme, ne se plaignent ni de leurs souffrances, ni de leurs infirmités, ayant hâte d'être assez remis pour retourner au front.

Il cite l'ordre de l'Armée rappelant la brillante conduite du lieutenant Jamin et lui épingle la Croix de guerre. M. le sous-préfet et M. le maire adressent alors leurs félicitations au lieutenant, auquel on offre une superbe gerbe de fleurs, confectionnée par nos infirmières ; puis, tous les assistants défilent et serrent la main au héros du jour.

La *Revue de l'Yonne* d'Avallon relate les citations de André Pinson, du 4ᵉ zouaves, pour sa belle conduite au feu, le 9 mai. Déjà blessé, il avait été hospitalisé chez nous, du 20 septembre au 2 octobre 1914.

26 août. — Voyage à La Pierre-qui-Vire, en passant par Quarré ; visite aux dames Ferry et Dupotet, de Brévon, qui témoignent beaucoup de bienveillance à l'H. A. 48 et y envoient fruits et légumes de leurs propriétés.

28 août. — Mort très rapide d'Yves Abiven. C'est le premier décès depuis le caporal Lallet qui nous avait été amené mourant le 3 septembre, tandis que les trente-trois autres grands blessés sont repartis, plus ou moins bien guéris. Notre cher breton s'est trouvé subitement plus mal, a pu recevoir à temps les Sacrements, et a expiré presque aussitôt.

29 août. — Mise en bière d'Abiven ; je veille près de sa dépouille, la nuit.

30 août. — Funérailles d'Abiven. M. le sous-préfet, breton lui-même, fait un très touchant discours sur sa tombe : « A Dieu, vat ! mon cher petit soldat breton ! » s'écrie-t-il avec émotion en terminant. Le défunt est déposé à côté d'Andrieu et sa tombe couverte de fleurs et de couronnes.

3 septembre. — Premier vendredi du mois et anniversaire de notre première arrivée de blessés. M. Bouvet est parti en Belgique pour voir son frère, Pierre Bouvet, qui est automobiliste-brancardier.

6 septembre. — Nous recevons d'Angleterre soixante-quatorze kilos de laine à tricoter, tout le monde, à l'Hôpital se met à faire des chaussettes ; des personnes plus habiles que nous : Mmes Holleaux mère, E. Cauyette et Nérat prennent de la laine à domicile et font, avec rapidité, chaussettes, gants, gilets... de véritables chefs d'œuvre !

Nous avons reçu également d'Amérique cent couvertures de laine, cent pyjamas, cent chemises, des bandages, linge à pansements, etc.

8 septembre. — Obsèques, à Sauvigny-le-Bois, du colonel de la Forcade, de Montjalin ; j'y assiste, avec M. Melot, pour représenter la Croix-Rouge.

9 septembre. — M. Lermuzeaux reçoit un appel pour se rendre à Bellac ; on téléphone aussitôt à son dépôt, pour faire savoir qu'il a été attaché officiellement à notre Hôpital par le Ministre de la guerre.

Le commandant Albert est retourné à son dépôt, à Privas, attendant avec impatience l'ordre de départ au front.

Dépêche autorisant M. Lermuzeaux à rester à notre Hôpital, ce qui nous fait grand plaisir.

J'écris longuement au père d'Yves Abiven, à Kerdivès-Plouïder ; notre breton était connu et fort estimé en ville, ayant séjourné quelque temps à l'H. C. 53, avant d'être envoyé à La Pierre-qui-Vire.

13 septembre. — J'ai une longue conversation avec le soldat Delhote, qui a servi au 21ᵉ d'artillerie à Angoulême, sous les ordres du colonel Arthaut.

14 septembre. — Arrivée, vers treize heures, de trente-cinq blessés, dont le major Delestan, le lieutenant Portanier de la Rochette, l'aspirant Lanzé, etc.

Mmes Baudot, Carré, Leproust, viennent aider à la salle de bains et à la lingerie.

Visite de Mme de l'Estoile, deuxième fille de Mme Chabrol de Vassy.

15 septembre. — Retour de M. Bouvet, qui a rapporté des impressions rassurantes de son voyage en Belgique, et qui a bon espoir sur l'issue des démarches qu'il a faites, à Orléans, pour conserver le docteur Barraud et M. Lermuzeaux.

Les bains et les douches continuent activement ; Mme Diez et sa nièce, Mme Viallay, viennent y aider.

18 septembre. — Mme Béra nous envoie, à regret, sa démission d'infirmière, étant obligée de rester à Paris pour l'éducation de ses enfants.

Mlle Gérouville quitte également la lingerie, pour raison de famille.

Nous lançons un nouvel appel à tous les maires et curés de l'arrondissement, pour provoquer de nouveaux dons en espèces et en nature.

23 septembre. — Conversation sur la Corse, avec Delsecco et Cuzin, dont la femme est également corse.

Cornet nous montre une croix très curieuse faite avec des balles allemandes et qui lui a été donnée par Mgr Marbeau, évêque de Meaux.

25 septembre. — Visite de M. Adolphe Goussard à nos blessés. Il s'informe très amicalement de chacun d'eux et leur offre des cigares.

27 septembre. — Mme Genty, née Rouzaud, de Voutenay, femme du docteur Genty, mobilisé, se présente comme infirmière à l'Hôpital.

1ᵉʳ octobre. — Enterrement de Bailly, permissionnaire à Sauvigny-le-Bois, dont il était originaire. Mmes Goussard, Diez, Dicquemare et Perrin y assistent, avec le drapeau du comité.

2 octobre. — Chaussinand est atteint inopinément de méningite cérébro-spinale. Le docteur Billaudet le fait isoler. On le veille jour et nuit; son état s'améliore et on espère le sauver.

Mme Genty commence son service à l'Hôpital; on l'envoie à l'Annexe.

6 octobre. — Départ de soixante-cinq hommes, dont Delsecco, Cuzin, Lanzé, Delhote et le lieutenant Cornet, qui a un talent pour l'enluminure; il m'offre les armes de la Ville d'Avallon, en carte postale, comme remerciement des bons soins qu'il a reçus.

7 octobre. — M. Lermuzeaux reçoit une dépêche l'appelant d'urgence à Orléans; nous en sommes très peinés et les regrets sont unanimes à l'Hôpital.

L'H. A. 48 étant vide, M. l'abbé Ferrier nous revient en rapportant tout ce qui pourrait se gâter pendant l'hiver; nous sommes heureux de la présence de ce jeune prêtre, si pieux et si dévoué, qui sera de grandes ressource auprès de nos blessés.

8 octobre. — Départ de M. Lermuzeaux pour Orléans; M. Deschamps prend l'intérim.

12 octobre. — Mme Holleaux, qui a travaillé avec soin son examen d'aptitude, tout en commençant son stage, le passe avec succès et devient ainsi infirmière en titre; M. l'administrateur lui confie la salle 17, en l'absence de Mme de Duras-Chastellux.

Sixième séance de radiographie, par le major Delapchier.

14 octobre. — Visite de M. de Kéroman. Nous lui exprimons l'embarras dans lequel nous laisse le départ du docteur Barraud, qui n'est pas encore remplacé.

16 octobre.— M. le principal se décide à nous abandonner la pièce contigüe à la pharmacie, pour y déposer les objets encombrants et y faire les séances d'électricité, ainsi que les pansements qui s'étaient faits jusqu'alors dans la salle de bains.

19 octobre. — Retour inopiné de Mme de Duras-Chastellux, à la grande satisfaction de l'Hôpital.

24 octobre. — M. Bouvet m'annonce qu'il pourrait être envoyé à Salonique, pour l'installation d'une ambulance-automobile, ce qui nécessiterait une absence de cinq à six semaines. Cette nouvelle ne me dit rien de bon, car je crains que l'absence ne se prolonge, au grand détriment de notre Hôpital.

Dans l'après-midi, le bureau du comité demande à M. Melot s'il accepterait le titre provisoire d'administrateur-adjoint, pour signer les pièces en cas d'absence de M. Bouvet ; il y consent avec sa complaisance ordinaire.

26 octobre. — Départ de M. Bouvet. Emotion dans tout l'Hôpital qui croit le départ définitif. Je remets les choses au point, et recommande nos intérêts au Sacré-Cœur.

Visite d'un colonel, major-inspecteur, qui nous parle d'une dénonciation faite par le principal contre M. Bouvet, « lequel aurait grossièrement interpellé un professeur qui traversait la cour, avec ses élèves, lui disant « qu'il avait tort d'amener des enfants alors qu'il y avait, « à l'Hôpital, des maladies contagieuses. » Or, il nous est interdit. comme occupant des bâtiments scolaires, d'avoir de ces malades. Je lui réponds que M. Bouvet a cru de son devoir de prévenir un professeur suivi de ses élèves, au moment du cas imprévu de Chaussinand, mais qu'il est incapable de l'avoir fait « grossièrement » ce qui serait tout l'opposé de son caractère et de ses habitudes .

M. l'inspecteur reconnait que la Croix-Rouge n'était nullement responsable, que le major-chef seul l'était, mais qu'en l'espèce — vu le peu de ressources dont il dis-

posait — il avait agi au mieux et avec toute la prudence
que nécessitait le cas de Chaussinand. Il ajoute que ces
incidents se renouvellent sans cesse contre les Croix-
Rouges, sous une influence rivale qui voudrait les faire
disparaître... tout au moins des établissements scolaires.

28 octobre. — Départ de dix convalescents ; nous
rangeons, avec Mme Baudot, tous les lainages envoyés
par les comités américains.

Réunion du Bureau. M. Melot prend la signature des
pièces ; il règne un malaise à l'Hôpital, où l'on croit
M. Bouvet parti définitivement et où l'on prévoit le vide
que ferait ce départ.

29 octobre. — Visite du capitaine Tixeron, qui enquête de nouveau sur l'incident. Il visite aussi les pensionnats Saint-Joseph et de Mlle Houdin, pour voir s'ils
pourraient être transformés en hôpitaux auxiliaires, mais
se rend compte qu'ils ne sont pas disposés pour cela.

1er novembre. — Mlle Cambon organise un cortège
pour aller au cimetière et y convie nos blessés, mais pas
notre personnel ni nos comités.

M. Quétand est prié d'y conduire une délégation de
nos hommes.

2 novembre. — Réunion, au cimetière, des deux
Paroisses avec leurs clergés. M. le curé de Saint-Martin
prononce un éloquent discours sur ces deux pensées : Un
cimetière est un dortoir, — un cimetière est une chaire
de vérité. M. l'Archiprêtre bénit les tombes, puis conduit
la foule à celles d'Andrieu, de notre cher Abiven, afin
d'y prier spécialement pour tous les soldats morts pour
la Patrie. Combien je pense aux familles absentes de ces
pauvres enfants !

A dix heures et demie, arrivée de quarante-huit blessés
venant du front de Champagne ; le capitaine de Montulé,
le lieutenant Corbières, le sergent Villiers, etc. M. Bouvet
prévenu par dépêche, répond qu'il sera là jeudi (le sur-
lendemain), ce qui calme un peu les appréhensions de
notre personnel.

4 novembre. — Retour de M. Bouvet ; son voyage
à Salonique est remis à la fin du mois.

Mme et Mlle Villiers viennent voir le sergent, fils du
colonel Villiers, commandant le 301e de ligne.

6 novembre. — Réunion d'infirmières au réfectoire. M. Bouvet y donne des instructions très précises, en laissant pressentir que sa prochaine absence pourrait être d'une certaine durée. Il donne également des instructions aux infirmiers ; enfin, écrit à la comtesse de Chastellux, à Lucy-le-Bois, pour obtenir par elle, de Mme de la Panouse, un nouvel envoi de laine.

8 novembre. — Départ de M. Bouvet.

Je reçois une lettre du commandant Albert, qui est retourné au front, suivant son plus cher désir, et est incorporé au 236ᵉ d'infanterie.

9 novembre. — Service funèbre, à Orbigny, pour le repos de l'âme du commandant Henri Raudot, tombé glorieusement à l'ennemi ; sa mort laisse un vide immense à sa femme, à ses quatre enfants et à sa mère, dont il était le conseil et l'appui. Comme celle-ci ne cesse de donner des marques effectives de sa bienveillance à notre Hôpital, nous décidons, pour lui témoigner notre respectueuse sympathie, d'aller à Pontaubert avec une délégation de blessés et d'infirmières : M. Melot représente le comité d'hommes et nous emportons notre bannière.

M. le chanoine Potherat fait un touchant et patriotique discours ; au retour, nos hommes trouvent des brioches et du café, que Mme Raudot leur a fait envoyer.

10 novembre. — Mme de Montebello offre le diplôme de guerre à Mme Henri Holleaux, que nous sommes si heureuses de voir parmi nos infirmières.

On apprend le prochain mariage de Mlle Bouilloux, qui nous privera de ses services, en l'éloignant davantage d'Avallon.

11 novembre. — M. l'abbé Ferrier offre le Saint-Sacrifice de la Messe aux intentions de M. Bouvet, qui lui a demandé de mettre notre Hôpital sous la protection du Sacré-Cœur pendant son absence, dont il ne peut, au juste, prévoir la durée.

Je fais visiter notre Avallon aux dames Villiers, et notamment l'antique et curieuse église Saint-Martin, si malheureusement désaffectée et dont les détails ont excité l'admiration de la Société archéologique de France, en 1907.

On fait transporter Champion à l'Annexe, avec ordre de lui faire prendre des bains froids ; comme le pauvre homme manifeste une grande répugnance pour ce traitement, je vais aider Mme Corniau, très expérimentée du reste, à le lui faire suivre.

12 novembre. — Arrivée du docteur Delapchier, avec ses aides. On installe la radio dans la nouvelle salle, derrière la pharmacie, qui paraît plus propice que celles occupées précédemment.

13 novembre. — On commence la septième séance radiographique. Le docteur Billaudet me raconte que le général Polin l'a mandé au téléphone pour lui dire « que l'H. A. n° 9 manque de surveillance »... à preuve la fugue d'un homme dément qui avait quitté notre Hôpital sans permission, et qu'on a rejoint, presque aussitôt, sur la route de Girolles. Je lui réponds que la faute en est à M. le principal, qui interdit formellement à la concierge de tenir les portes fermées, nonobstant toutes nos recommandations en sens contraire.

14 novembre. — Nous continuons les bains à Champion qui va, du reste, de mieux en mieux.

15 novembre. — Mlle Gagniard veut bien donner une intéressante séance de projections sur Jeanne d'Arc, à la salle 18.

17 novembre. — Service à Saint-Lazare, pour les deux frères Chanut, de Cousin, tombés le même jour à l'ennemi. L'un d'eux était frère des Écoles Chrétiennes. Le jeune sergent Villiers sort pour la première fois, avec sa mère et sa sœur.

18 novembre. — Départ des sergents Landri, Jeanson et autres convalescents.

Au déjeuner, Mlle Louise Barbier offre un joli dessert à nos malades, tandis que Mmes Mathieu, Gauneau, etc., en apportent un autre à dîner, ce qui fait journée complète.

19 novembre. — Le matin, a eu lieu le Service annuel pour les soldats et marins morts dans l'année.

Cette cérémonie empruntait aux événements actuels une importance toute particulière. A neuf heures, à Saint-Martin, une très belle messe de *Requiem* a été exécutée par MM. Lebeau, organiste de Saint-Lazare ; Legrand, organiste de Saint-Jean de Joigny ; César

Droit, Mlle Germaine Lebeau et plusieurs de nos infirmières. Le *Miseremini* et l'*Agnus Dei*, de Lebeau, ont été très réussis, ainsi que le *De Profundis*, en faux-bourdon. M. le curé de Saint-Martin fait un magistral discours sur ces pensées : La Croix-Rouge est une œuvre de foi — elle est aussi une œuvre de charité qui soulage nos héroïques soldats jusque par de-là la tombe. »

Une quête très fructueuse a été faite au profit de l'œuvre, par Mme Billardon.

Arrivée du jeune brigadier Jacques Honnorat. En causant avec lui, je découvre qu'il est le fils du colonel Honnorat, un des camarades de promotion du colonel Arthaut, à l'École polytechnique. Cette circonstance et la douceur de ses manières m'attachent à lui, en me rappelant mes chers petits-neveux.

Mlles Droit viennent nous annoncer que leurs élèves renonçant à toute réjouissance pour la Sainte-Catherine, consacreront, comme l'année dernière, à nos blessés, la somme d'argent destinée à cette fête.

20 novembre. — Visite de Dom Raphaël Fives, du monastère de Los-Angelos (Californie), succursale de La Pierre-qui-Vire. Rentré en France pour servir la Patrie attaquée, il est infirmier et vient passer sa permission à La Pierre-qui-Vire.

M. Bouvet nous écrit qu'il rentrera le mardi 23 courant, le voyage à Salonique étant encore ajourné.

21 novembre. — Je reçois à dîner M. l'abbé Ferrier, Jacques Honnorat, et M. Charles Jacob, de Cussy-les-Forges, qui a gracieusement offert ses services à notre Hôpital.

24 novembre. — M. Bouvet, rentré la veille au soir, paraît très perplexe... On lui a donné à entendre que, contrairement à ce qu'il avait compris au début, il ne lui faudrait pas songer à quitter la Serbie avant la fin de la guerre.

Comme il nous avait donné sa parole de ne pas rester absent plus de deux ou trois mois et de se considérer toujours comme administrateur de notre Hôpital, il se demande s'il ne doit pas renoncer à ce voyage, malgré les avantages matériels qu'on lui a offerts pour l'engager à accepter cette mission.

Je lui réponds qu'il est seul juge dans une question

si délicate, mais que l'expérience m'a souvent prouvé qu'il était préférable de rester là où la Providence nous a placés elle-même, non sans un dessein particulier sur chacun de nous.

Après avoir prié et réfléchi, il télégraphie au colonel commandant qu'il abandonne le voyage de Salonique pour continuer ses soins à l'H. A. n° 9.

25 novembre. — Mort assez rapide de Thil qu'on transporte, à dix heures, à la salle d'isolement où il reçoit les derniers Sacrements, en pleine connaissance. Il rend le dernier soupir à deux heures. On télégraphie à sa femme et à ses enfants qui habitent les environs de Bar-le-Duc.

Belle et abondante collation apportée et distribuée par les élèves de Mlles Droit en l'honneur de Sainte-Catherine.

27 novembre. — Obsèques de Thil (Jean-Raymond). Mme Genty, toujours très dévouée, vient dîner à la maison.

M. Bouvet, ayant appris qu'une inspection est annoncée pour mardi, procure des vêtements militaires aux infirmiers, qui n'en avaient pas encore.

On commence à installer un bureau plus vaste pour les auxiliaires, dans l'ancienne classe enfantine du collège. Ils seront beaucoup plus à l'aise dans cette large pièce qui donne sur le couloir et sur la cour. M. l'administrateur sera plus tranquille, dans son petit bureau, pour travailler et recevoir les personnes.

Visite du petit chasseur Lapierre, un des trente-quatre du début, qui était resté dix mois à notre Hôpital. Il paraît en bonne santé, quoique boitant un peu, et nous annonce son prochain mariage.

1er décembre. — Inspection du général Maréchal et inauguration du grand bureau.

2 décembre. — Réunion du Comité. On y présente l'état de lieux des bâtiments du collège, fait par M. Prévost, architecte, et par M. Nolin. Ces messieurs décident de se réunir chaque deuxième jeudi du mois.

Départ de Chaussinand, qui est bien rétabli ; du lieutenant de Corbières et de plusieurs autres.

4 décembre. — Mme la comtesse de Chastellux nous avise qu'elle a obtenu, par le comité, un nouvel envoi de laine à tricoter, de Mme de la Panouse.

Nous préparons une petite Saint-Nicolas pour demain.

5 décembre. — Séance récréative : projections par Mlle Gagniard, M. et Mlle Lebeau font entendre de fort jolis morceaux et Bouret, un de nos blessés, chante quelques chansons.

Après le dîner, M. Bouvet, tout émotionné, vient à la maison nous annoncer qu'il a été *révoqué* par Polin et Mercier-Milon !! La nouvelle paraît tellement invraisemblable — car le Service de Santé n'a aucune autorité sur le personnel de la Croix-Rouge — que nous retournons, avec M. Bouvet, voir les pièces. Après les avoir examinées, nous tombons d'accord qu'il s'agit surtout d'une persécution destinée à faire disparaître notre Hôpital, et nous décidons de prévenir ces messieurs du Comité.

6 décembre. — Réunion du Comité à dix heures. M. Bouvet donne lecture des pièces : le Comité est d'avis de se solidariser avec notre administrateur et de donner une démission collective, s'il n'est pas maintenu par ses chefs hiérarchiques, c'est-à-dire le Conseil Central de la Croix-Rouge. Il se produit seulement quelques divergences sur la rédaction de cette lettre qui est envoyée, le lendemain, à M. de Kéroman.

Inspection du commandant Simon, qui est mis au courant de nos ennuis, et se montre très bienveillant à notre égard.

8 décembre (IMMACULÉE CONCEPTION DE LA TRÈS-SAINTE VIERGE). — Nous prions avec ferveur pour le salut de la Patrie et pour le maintien de notre cher Hôpital.

M. l'abbé Ferrier prêche à l'hospice civil.

9 décembre. — Le jeune Honnorat m'annonce qu'il a reçu copie d'une citation à l'ordre de son régiment, et la Croix de guerre de deuxième classe.

M. de Kéroman répond à la lettre du Comité en demandant un rapport détaillé sur les incidents entre le principal et M. Bouvet. Il ajoute que « le Comité ayant fait son devoir de bonne camaraderie, il lui reste à faire son devoir de bon Français ».

Nous répondons qu'à nos yeux, le débat a une toute autre ampleur, car il s'agit de la dignité et de la liberté même de la Croix-Rouge, qui ne peut tolérer l'immixtion du Service de Santé dans son organisation intérieure ; qu'au surplus, il s'agit moins du départ de M. Bouvet que de l'expulsion de la Croix-Rouge hors des bâtiments du collège — expulsion qui a été poursuivie dès le début, et avant l'arrivée même de M. Bouvet. J'en ai été moi-même témoin. Si donc on cède par peur, en abandonnant la cause de notre administrateur, ce sera un encouragement à nos adversaires de poursuivre notre propre renvoi.

Mme la marquise de Duras-Chastellux envoie une lettre réconfortante, exhortant le Comité à la fermeté dans sa ligne de conduite et assurant que le Comité Central fera une démarche près de Justin Godard, sous-secrétaire d'État.

M. Bouvet nous demande d'organiser un Arbre de Noël pour les enfants des réfugiés et ceux de la garderie.

12 décembre. — Je vais, avec Honnorat, déposer une croix funèbre offerte par notre Hôpital au soldat Bouchet, décédé à l'H. C. n° 53. Je salue M. et Mme Bouchet, venus de Vendée pour ramener le corps de leur fils, et nous visitons quelques salles.

13 décembre. — Obsèques de Bouchet ; nous y assistons avec notre bannière. M. Bouvet reconnaît M. Bouchet qui a été contre-maître dans une de ses papeteries.

14 décembre. — Circulaire du Service de Santé, exigeant la présence des infirmiers militaires à leur hôpital de sept à dix-huit heures, interdisant toute sortie, fût-ce pour les besoins de l'hôpital, sans une autorisation écrite. Cette sévérité nous paraît exagérée et n'aura sans doute qu'un temps.

16 décembre. — Je reçois enfin le livret et le diplôme de guerre de Mme Henri Holleaux, attendus depuis longtemps.

17 décembre. — Gentin, neveu de Mme Ferry, de Quarré-lès-Tombes, nous fait ses adieux ; il était ici depuis quelque temps et était allé voir sa tante, qui continue à s'intéresser à l'H. A. n° 48.

18 décembre. — M. le docteur Genty vient visiter notre Hôpital, où sa jeune femme travaille avec dévouement. Il paraît très ouvert et fort aimable.

19 décembre. — Départ du jeune Sauvageot, qui était attaché au service de l'Hôpital et qui quitte sur un coup de tête. Il est remplacé par Alfred Lefebvre, d'une bonne et chrétienne famille d'Avallon.

Mme Edouard Corniau vient visiter l'Hôpital et distribue à nos hommes des gâteaux secs et du sucre d'orge, dont ils sont très friands Elle insiste aimablement pour que je lui fasse savoir lorsque l'un d'eux a besoin de quelque vêtement que nous n'avons pas dans nos réserves.

21 décembre. — Nos convalescents sont partis tous ces jours-ci, par petits groupes ; il nous en reste vingt-quatre seulement.

Les dames de la lingerie préparent l'organisation de l'Arbre de Noël, avec les infirmières ; elles placent une immense croix rouge au fond du réfectoire où doit avoir lieu la fête.

22 décembre. — Visite de M. Neveux. Il nous dit que, sa présence se prolongeant aux armées, il ne peut plus se passer de M. Gally à l'étude. Notre trésorier, toujours si dévoué, nous promet néanmoins de continuer ses fonctions en nous consacrant les dimanches et les heures libres qu'il aura en semaine.

Nous réclamons à Mme de Duras-Chastellux, alors à Paris, les voiles bleus exigés maintenant pour les infirmières, qui sont obligées de sortir en costume.

25 décembre — Départ de M. Deschamps, réclamé à son dépôt. Nous demandons à Mlle Baudot de vouloir bien commencer un nouveau cours d'infirmières, ce qu'elle accepte avec son zèle et sa bonne volonté habituels.

Mmes Goussard et Dairaine distribuent des gâteaux, au réfectoire et dans les salles.

26 décembre (FÊTE DE L'ARBRE DE NOËL). — Quatre-vingt-deux enfants des réfugiés et de la garderie y assistent, avec un certain nombre de parents. Les dames du Comité et les infirmières font les honneurs : on sert d'abord un bon goûter, crème au chocolat, gâteaux, bonbons ; puis les enfants de la garderie, sous la direction de Mlle Marie-Louise Réderon, chantent l'*Arbre de Noël* et l'*Hymne italien...* en italien, s'il vous plaît !.. ce qui amuse beaucoup l'assistance. Enfin, on distribue aux enfants les jouets préparés, avec quelques vêtements pour les plus nécessiteux et on les congédie.

C'est ensuite le tour de nos hommes, qui prennent le thé avec ceux de l'H. C. n° 53, invités pour la circonstance. Mlle Germaine Lebeau, MM. Lebeau et Bouvet se font entendre, et Mme Ed. Corniau distribue des petits paquets-surprises et des cigarettes à tous les hommes présents.

27 décembre. — Nous organisons, avec Mlle Baudot, un cours supérieur d'infirmières qui se fera trois fois par semaine, dans la salle du service médical ; les dames du Comité et les infirmières y seront invitées. Ce cours commencera aussitôt après le premier janvier.

28 décembre. — Ayant de la place libre, nous recevons deux réfugiés : Herbemont, des Ardennes et Dans, de la Meuse, tous deux atteints de hernies graves ; ils sont installés à la salle 13.

29 décembre. — Visite du petit Jacques Collinet ; nous le conduisons dans les salles, où quelques-uns des blessés soignés par son père se trouvent encore. Ils font fête à l'enfant et sont émus au souvenir du bon docteur, qui leur a consacré ses dernières forces.

Arrivée du major Delapchier.

30 décembre. — Huitième radiographie. On examine Schræder et cinq hommes de l'H. C. n° 53.

Revue de l'Année 1915.

PREMIER JANVIER 1916 !... Voici donc notre second Jour de l'An à ce cher Hôpital, qui est en pleine prospérité, quoique un peu dégarni pour l'instant... mais nous pensons bien que ce ne sera que momentané.

La Providence n'a cessé de nous assister d'une manière touchante par l'entremise de cœurs généreux.

Les dons en espèces se sont multipliés ; les uns très importants, comme ceux de MM. Goussard, président du tribunal ; Maurin, de Sauvigny ; Bresson, de Girolles, qui accompagne chacune de ses fréquentes visites d'un billet de cent francs ; et quantité d'autres dons, plus ou moins élevés, plus ou moins réitérés, mais en très grand nombre. Les dons en nature sont si considérables que nous avons dû prendre un cahier pour les inscrire au fur et à mesure. Chaque semaine, on en fait le relevé, en envoyant quelques mots de gratitude aux généreux donateurs.

Les pommes de terre n'ont jamais fait défaut, nous n'en avons pas encore acheté, bien qu'il y en ait à tous les repas — lesquels ont atteint parfois le chiffre de deux cent quatre-vingts pour une seule journée ! Les fruits sont si abondants que c'est un véritable travail de les ranger, de les trier, d'en mettre en conserves... Les salades, haricots, etc., affluent. Les volailles arrivent en assez grand nombre pour continuer d'en servir à nos hommes, au moins une fois par semaine, quelquefois aussi une belle pièce de gibier, dûe à un adroit chasseur.

Ce que nous apprécions fort — car il commence à se faire rare — c'est le lait, si nécessaire aux malades. Non seulement on ne nous en laisse pas manquer, mais quelques laitières généreuses, notamment Mmes Elise Morizot, Bonin-Morizot, Piault, de Chassigny, etc., nous en apportent chaque jour quelques litres gratuitement.

M. Maurin, de Sauvigny, nous a envoyé trente couvertures neuves pour La Pierre-qui-Vire ; d'autres ont prêté des objets utiles : chaises, petites tables, fauteuils, chaises-longues pour convalescents, et l'on n'a laissé chômer nos chers pensionnaires ni de fleurs dans la belle saison, ni de gâteries en tout temps. Les fruits et le chocolat envoyé par les élèves des trois pensionnats étaient si abondants que nous avons pu leur donner chaque jour un petit goûter, ce qui n'est pas de règle dans les hôpitaux.

Nos services se sont agrandis et coordonnés. Nous espérons accroître notre personnel d'infirmières, grâce au cours projeté.

L'Annexe de la terrasse est tout à fait organisée et ses trois grandes salles sont souvent remplies. Mme Genty y fait régner une propreté parfaite et a installé, en bas, une petite pharmacie volante pour n'être pas obligée de traverser la cour à chaque instant. Du reste M. Nolin nous a procuré un plancher superbe qui forme chemin, depuis le réfectoire jusqu'à l'annexe, en passant par la pharmacie et permet de circuler à pied sec, même par le mauvais temps... ce qui est appréciable, surtout au moment des repas.

M. l'abbé Ferrier, tout en accomplissant assidûment sa tâche au bureau et sa mission auprès de nos malades, rend quelques services à M. l'archiprêtre, qui est seul pour une besogne écrasante ; il s'occupe avec zèle des enfants de chœur et des petits garçons, dont plusieurs se font déjà remarquer par leur bonne tenue et une ferveur inaccoutumées.

Les distractions ne sont pas négligées non plus. Plusieurs phonographes ont été prêtés et fonctionnent chaque jour dans les salles, à la grande joie de nos hommes. Lorsque le temps le permet, on en installe un près de la fenêtre ouverte du service médical, ce qui procure un charmant concert à ceux qui sont sur la terrasse.

Les jeux sont des plus variés : après la manille, qui tient le premier rang, bien entendu, le jeu des lettres ou de l'anagramme a un grand succès ; les « puzzles » occupent des journées entières ceux qui ont la patience de s'y acharner ; les dames, les échecs, les dominos, l'alma, la marelle, sont tour à tour en faveur. Les infirmières encouragent et dirigent discrétement ces jeux, ayant soin d'éloigner ainsi le « cafard », cet ennemi mortel du blessé séparé des siens.

Une seule ombre s'étend sur cet agréable tableau : c'est la menace permanente du départ de notre administrateur, qui serait — nous n'en doutons pas — le prélude du nôtre ; aussi prions-nous avec ferveur pour que ses bons offices nous soient conservés.

═══════════

1ᵉʳ janvier 1916. — Le dessert est offert, au déjeuner, par Mme Corniau ; au dîner par M. le maire de Lichères.

Le jeune Honnorat vient dîner à la maison et nous causons de la famille Arthaut, si dispersée : le colonel, commandant l'artillerie du 38ᵉ corps, devant l'ennemi ; sa femme, dont nous sommes sans nouvelles, toujours à Douai ; les deux jeunes gens, au front.

2 janvier. — Nous faisons tirer une petite loterie à nos hommes, avec les objets restés de l'Arbre de Noël.

3 janvier. — Mlle Baudot commence le cours supérieur d'infirmières au service médical. Il y a dix-huit assistantes qui suivent avec la plus grande attention et prennent des notes.

Mme Genty emmène Honnorat à Voûtenay, pour le présenter à ses parents.

4 janvier. — Arrivée du lieutenant-colonel Honnorat. Nous parlons du colonel Arthaut et des vieux souvenirs de l'École polytechnique.

Mme de Duras-Chastellux nous envoie d'intéressants détails sur l'affaire de M. Bouvet, dont elle s'est entretenue avec son cousin, M. le comte Louis de Vogüé ; celui-ci a poussé dans ses derniers retranchements le général Mercier-Milon qui a déclaré finalement « qu'il » n'avait jamais entendu *révoquer* M. Bouvet, qui est un » excellent administrateur, et dont l'Hôpital est des mieux » notés, mais seulement demander au Conseil Central de » la Croix-Rouge de le *déplacer* pour cause d'incompa- » tibilité d'humeur avec le principal du collège, lequel » harcèle le Service de Santé de ses réclamations. »

6 janvier (ÉPIPHANIE). — On tire les Rois avec des galettes, à l'Hôpital.

Le colonel Honnorat repart, ainsi que les dames Villiers, laissant leurs convalescents en bonne voie.

11 janvier. — Lettre d'André Arthaut, qui m'annonce son admission aux cours d'élèves-aspirants de Saint-Cyr.

M. Jacob, qui travaille régulièrement au bureau, a pris une chambre dans le voisinage ; il vient parfois me voir, avec Honnorat.

Sermon à Saint-Lazare par le R. P. Matthéo Crawley-Bœvey, de Valparaiso ; ce missionnaire, de race sémitique fait, par l'ordre du Pape, une Croisade pour promouvoir l'intronisation du Sacré-Cœur dans les familles et la consécration de celles-ci à ce Cœur adorable.

Mgr l'Archevêque de Sens y assiste et appuie les recommandations du prédicateur.

12 janvier. — Monseigneur, qui commence aujourd'hui sa cinquième année d'épiscopat, célèbre la Sainte-Messe à huit heures et à l'issue, le R. P. Matthéo donne une instruction pratique sur la manière de faire la consécration susdite : elle doit être faite solennellement, en

réparation des outrages publics et officiels faits à N.-S.
Jésus-Christ ; prononcée dans chaque maison par le chef
même de la famille rassemblée et, s'il se peut, en présence
du curé de la paroisse ; enfin, on doit installer l'Image du
Sacré-Cœur dans la pièce la plus honorable et la plus
fréquentée, lui rendre des hommages journaliers comme
au Roi et à l'Ami du foyer, et renouveler la consécration
chaque premier vendredi du mois.

Dans l'après-midi, M. Lermuzeaux fait aux élèves-
infirmières une démonstration pratique de l'autoclave,
tandis que Mlle Baudot leur explique la théorie de cet
utile instrument.

13 janvier. — Départ du sergent Villiers, de Bouret
et de Veuville. Honnorat m'annonce plaisamment « qu'il
va prendre le commandement des troupes de l'Hôpital
puisqu'il reste le seul gradé ». Nous allons, avec lui et
Mme Genty, faire une promenade au Bois-Gargan, où
nous admirons longuement ce ravissant point de vue qui
contient en raccourci un ensemble de toutes les beautés
de l'Avallonnais.

Réunion du Comité d'hommes. M. Melot lit le compte
rendu de la dernière séance ; M. Gally donne l'état, toujours satisfaisant, de la caisse ; M. Bouvet expose que
son affaire suit un cours normal, ayant été remise aux
mains du Conseil Central par le général Mercier-Milon,
qui a reconnu avoir outrepassé ses droits en décidant un
déplacement qui ressemblait à une révocation.

D'autre part, les heurts sont bien moins fréquents à
l'intérieur de l'Hôpital, depuis que le principal s'est décidé
à habiter la maison Chauvelot (dite des Prêtres en
retraite), que l'autorité eclésiastique laisse à sa disposition pour la durée de la guerre.

15 janvier. — Visite du sergent Alcide Barbier qui,
pendant ses permissions, trouve une généreuse hospitalité
chez M. Dardaillon, le « Père de tous nos Poilus » et surtout de ceux des régions envahies. Barbier nous raconte
qu'il est à Plélo, commis à la garde des prisonniers boches,
qui se félicitent de leur sort et ne songent guère à s'enfuir.

17 janvier. — Départ de M. Bouvet pour Paris et pour
Rosandaël.

Le docteur Billaudet nous annonce qu'on lui envoie le
docteur Dupêcher, comme aide-major.

19 janvier. — Départ de Mme de Duras-Chastellux.

20 janvier. — Je vais, avec Honnorat et les jeunes Quétand, visiter un aéroplane qui a atterri dans le pré de M. Corniau (route d'Annéot), nous contemplons de très près la curieuse machine.

22 janvier. — On nous retire l'infirmier Blondelot, qui est appelé à Saint-Ouen, dans une usine.

23 janvier. — Les infirmières assistent à une Messe qu'elles ont demandée à l'intention de M. Bouvet, dont c'est aujourd'hui la fête.

L'après-midi nous faisons une bonne promenade au château des Granges, avec Honnorat et les enfants ; le temps est splendide et aussi doux qu'au printemps ; en l'absence de l'aimable châtelaine, les domestiques insistent pour nous faire voir le salon et la jolie chapelle qui le suit. Nous restons assis ensuite plus d'une demi-heure sur la terrasse extérieure, d'où l'on a une vue délicieuse sur Avallon.

24 janvier. — M. Dans, ayant reçu son *exeat* du docteur, est reconduit en auto jusqu'à Pontaubert par M. Bocquet, toujours si obligeant. Mme Miller accompagne le convalescent, auquel elle s'était intéressée pendant sa maladie.

Nous recevons d'Amérique une grande caisse de couvertures de laine.

Revision des infirmiers de l'H. A. n° 9. Le docteur Billaudet désigne Quétand et Houy pour aller, à Auxerre, en passer une nouvelle.

27 janvier. — Arrivée d'un général, accompagné d'un commandant et d'un major, qui font passer cette revision à notre Hôpital. Ils paraissent disposés à nous laisser M. Quétand, comme père de quatre enfants ; malgré cela, M. Badinier, gestionnaire du 53, revient le soir dire à M. Quétand qu'il devra se rendre à Auxerre le samedi 5 février.

Nous rangeons, Mme Baudot et moi, tous les effets militaires dans le grand vestiaire.

1er Février. — Arrivée de deux nouvelles caisses des comités Américains : couvertures, objets de lingerie et de pansement, coussins, etc., etc. Nous inventorions et rangeons toutes ces richesses.

3 Février. — Honnorat va aller passer, à Tours, un examen pour son admission au cours d'élèves-aspirants et reviendra ici recevoir son congé de convalescence.

Mlle Houdin vient faire la visite de notre Hôpital avec ses sous-maîtresses.

4 Février. — Retour de M. Bouvet qui paraît très satisfait de son voyage, de ses conversations avec l'abbé Carlier et d'une entrevue avec le général Niox, gouverneur des Invalides.

5 février. — Arrivée du colonel Arthaut, en permission de cinq jours. Il a pu avoir quelques détails sur sa femme et ses plus jeunes enfants restés à Douai, par Mme Decas, évacuée de cette ville, qui lui dit de quelle estime jouit, à Douai, Mme Arthaut, tant à cause de la fermeté de son caractère que du dévouement qu'elle témoigne à tous.

M. Quétand se rend à Auxerre, où sans revision aucune, on le déclare bon pour le service armé et on le désigne pour la 5ᵉ section d'infirmiers.

6 février. — Visite à l'Hôpital et au cimetière avec le colonel Arthaut.

7 février. — Nous allons voir aussi la permanence, 7, rue Bocquillot et la maison de la rue Saint-Lazare.

8 février. — Départ du dragon Albrespit.

9 février. — Départ du colonel Arthaut, pour Billy-la-Montagne.

11 février. — Je reçois de lui une lettre de Paris où il a pu voir le commandant et Mme Decas, ainsi que M. Cavroy, douaisien de marque, qui connaissent Mme Arthaut, mais ne peuvent indiquer aucun moyen de communiquer avec elle.

Retour d'Honnorat.

14 février. — Départ définitif de Jacques Honnorat qui fait des adieux affectueux à l'Hôpital (1).

Noël Lefebvre prend son service à l'Hôpital, en remplacement de son frère Alfred, appelé sous les drapeaux.

____

(1) J'ai appris, après l'armistice, la mort du cher enfant dans un hôpital du Midi.

15 février. — Je reçois une lettre de Mme Cavroy qui m'assure que le cher Marcel Arthaut serait mort près de sa mère, à Douai, en septembre dernier, mais qu'on n'a pas osé le dire au père.

Je veux douter de l'exactitude de cette terrible nouvelle, opposée aux dires d'André Corniau qui — comme prisonnier — reçoit parfois des nouvelles de Douai, et à ceux de Mme Decas. J'écris à cette dernière pour éclaircir la chose.

18 février. — Le commandant Decas me répond lui-même que la nouvelle n'est que trop vraie ; le cher enfant a succombé à la consomption et au regret de ne pouvoir rejoindre ses frères, le 28 septembre dernier.

Il est mort dans les sentiments les plus édifiants de courage et de piété. Mme Decas a assisté aux obsèques, et si elle nous a donné le change à sa rentrée en France, c'est sur l'ordre exprès de Mme Arthaut qui ne voulait pas affliger son mari, alors qu'il était seul au front ; elle-même ignore la mort héroïque de son fils Laurent, qu'on s'est efforcé de lui cacher. Je suis atterrée de ce nouveau malheur, que je n'ai pas le courage de communiquer au colonel.

21 février. — Réunion des dames du Comité, qui décident d'organiser une grande loterie pour alimenter nos ressources. La colonnelle Root, de Plattsburg-Barracks (Amérique), ayant témoigné beaucoup de bienveillance à notre Hôpital qu'elle a connu par l'intermédiaire de M. Bouvet, nous lui offrons la médaille du Comité, avec le titre de membre honoraire.

22 février. — M. Robert Vallery-Radot vient nous visiter, en aspirant. Il a tenu absolument à aller au front, malgré ses nombreux enfants et sa santé si délicate, et nous donne d'intéressants détails sur les tranchées.

Nous avons, le même jour, la visite de M. l'abbé Prévost.

26 février. — Le docteur Billaudet insiste, de la part du Service de Santé, pour la réouverture de l'H. A. 48, au printemps. M. Bouvet répond que nous ne demandons pas mieux, mais qu'encore faudrait-il du personnel et un gradé à la tête pour garder les hommes à La Pierre-qui-Vire ; or, sur onze infirmiers que nous avions pour l'H. A. n° 9, six nous ont été déjà enlevés et non remplacés et M. Quétand nous sera retiré d'un jour à l'autre. Le docteur promet d'appuyer ces justes réclamations.

28 février. — Arrivée d'une cinquième caisse d'Amérique, contenant : pyjamas, effets pour enfants, lainages et tricots, plus une boîte de chocolat offerte aux blessés par Miss Ellen White.

Plusieurs objets contiennent un petit papier écrit : « For dear french soldiers ; — By an old lady ninety-seven years old ; — By a little girl who would like to nurse wounded french soldiers »(1), etc., etc., qui témoignent de la sympathie de nos amis d'Amérique.

29 Février. — M. Quétand commence un nouveau rangement du grand vestiaire, car l'on n'y conservera que les grandes caisses pleines, alignées et numérotées ; toutes les menues pièces de linge sont remontées à la lingerie.

M. Bouvet qui s'est mis à l'écriture Braille et qui y réussit fort bien, se propose de faire venir des métiers pour enseigner cette occupation aux blessés condamnés à une longue réclusion.

3 Mars. — Aujourd'hui, premier vendredi du mois, nous faisons l'intronisation et la consécration au Sacré-Cœur de Jésus, demandées par le R. P. Mattheo-Grawley. Sont présents : M. Bouvet, M. l'abbé Ferrier, M. Quétand et moi.

4 Mars. — Je m'aperçois que M. Bouvet a fait mettre l'Image du Sacré-Cœur, devant laquelle a eu lieu la Consécration, dans son bureau particulier

Départ de M. Herbemont, qui est bien remis de sa hernie, et retourne le même jour à Lille, avec sa femme.

Nous recevons trois sacs d'Amérique, contenant toutes sortes d'objets pour notre loterie.

6 Mars. — Arrivée du sous-lieutenant Potot, fils de M. Potot, directeur de la Société Générale à Avallon ; ce

---

(1) « Pour les chers soldats français ; — Fait par une vieille dame de quatre-vingt-dix-sept ans ; — Par une petite fille qui voudrait bien soigner des blessés français. »

jeune homme, qui a eu une fort belle conduite, vient d'être blessé à la main, à la bataille de Verdun.

Dessert offert par Mme Henri Holleaux.

7 Mars. — On organise les billets de loterie, avec les dames du Comité ; les lots, et surtout les plus charmants ouvrages, ne cessent d'arriver. Les dames Bachelin, qui s'en occupent avec le plus grand zèle, offrent les vitrines de leur magasin pour en faire l'exposition lorsqu'il sera temps.

8 Mars. — Nous terminons l'arrangement des caisses du vestiaire par une liste générale permettant de trouver aussitôt les objets dont on aura besoin, dans la caisse qui les renferme.

12 mars. — Arrivée du service radiologique, neuvième séance. On examine le lieutenant Potot et quelques hommes de l'H. C. n° 53.

13 mars. — M. Bouvet commence la musicographie Braille, qui est bien plus compliquée que l'écriture.

14 mars. — Mme Holleaux accepte de recueillir chez elle une partie de nos lots, que nous ne savons plus où placer.

Anniversaire de la mort de mon cher Laurent ; la Messe est dite pour lui, à sept heures ; ma propre douleur est aggravée de celle qu'aura sa pauvre mère lorsqu'elle apprendra la fin glorieuse — mais si prématurée — de ce sujet d'élite.

15 mars. — Arrivée de trente blessés de Verdun. On les répartit dans les salles 17 et 18 ; l'adjudant Duez est installé dans l'ex-chambre de Tirel. Vingt-six sont douchés et nettoyés à la salle de bains et je vais ensuite les visiter dans leurs lits. Je suis toujours bien accueillie par ces braves enfants, qui m'appellent volontiers « grand' maman » à cause de mon âge.

16 mars. — Je fais une bonne causerie, salle 18, avec le pauvre Ménétrez gravement atteint par les gaz aux deux yeux, aux deux mains et à une jambe ; comme il ne peut se rendre aucun service, Mlle Bachelin s'en charge particulièrement et l'assiste dans tous ses repas. Il me fait voir la photographie de sa femme et de ses trois enfants.

Mlle Baudot reprend son cours, un peu dérangé par cette arrivée.

On nous apprend que notre ancien hospitalisé Bernard a été fait prisonnier et interné à Giessen.

17 mars. — Avant-dernière conférence du cours d'élèves-infirmières, on demande les noms de celles qui veulent passer l'examen. Se font inscrire : Mmes Neveux, Lermuzeaux, H. Chanut ; Mlles Lepoix, Marie-Louise et Isabelle Kwiatkowska.

Inspection d'hygiène par un colonel qui nous recommande en outre l'économie dans les dépenses, car suivant toutes probabilités, l'état de guerre va se prolonger.

18 mars. — Arrivée de quatre-vingt-quinze blessés de Verdun. L'Hôpital est au complet. J'installe l'aide-major Boulongue et son collègue Nicolas dans la chambre 26 de l'Annexe. Comme ils ne sont pas sérieusement malades, ils s'offrent à aider nos majors, débordés de besogne.

Nous donnons soixante-sept douches dans la journée et nos dévouées lingères sont partout, dans les salles du haut, dans celle des bains, numérotant tous les effets souillés et déchirés de nos nouveaux arrivés.

19 mars. — Nous terminons les douches. Le capitaine marquis de Bernis est mis à la salle 13, avec le sous-lieutenant Potot.

21 mars. — M. Bouvet est mandé au Conseil Central par M. de Vogüé, ce qui est extrêmement gênant dans une pareille bagarre.

L'aide-major Nicolas commence à faire des pansements à l'Annexe. Mme Carré s'offre pour aider Mme Genty, dont le service devient compliqué.

23 mars. — Journée générale de prières faites par tous les petits enfants de France, pour le salut de la Patrie. Puissent les supplications de ces innocents nous obtenir la Victoire tant désirée !

Départ de M. Bouvet avec le capitaine de Bernis. Schrœder, Oheix et Angot partent le même jour. Tous les hommes sont consignés, dans l'attente d'une évacuation générale destinée à faire de la place, paraît-il, à de très nombreux et plus récents blessés.

L'ordre d'évacuation arrive dans la soirée même et cause un vrai désespoir à ces malheureux, à peine remis d'un pénible voyage, et qui commençaient à jouir du bien-être de notre Hôpital. La présidente de Tulle m'ayant écrit pour me recommander Jacques Petit, fils d'un ingénieur-principal du Creuzot, je vais voir ce jeune homme à la salle 17. Comme il craint beaucoup un nouveau transbordement, je crois pouvoir le rassurer, d'après l'avis de nos docteurs qui trouvent le repos urgent pour lui.

Le soir, je vais chercher à la gare la femme de Ménétrez qui arrive du Tillot (Vosges); l'entrevue est touchante entre ces pauvres époux. Ménétrez est mieux, la peau de ses mains s'est enlevée comme on ferait d'une paire de gants, mais il redoute une cécité complète, tandis que nous nous efforçons de lui donner l'assurance — que nous n'osons partager nous-mêmes — qu'il conservera au moins un œil.

24 mars. — Départ de quarante-six blessés, dont le sergent Saint-Martin, Salmon, d'Avallon, et le pauvre Jacques Petit qui est emmené au dernier moment, quoique n'étant pas compris dans les partants; beaucoup sont dans un triste état, aucun d'eux n'a pu avoir le linge ni les effets mis au blanchissage ou à la désinfection. Pour comble de malheur, un temps affreux rend encore plus lamentable ce départ précipité. Nos pauvres blessés sont hissés dans des autos et camions, dans la cour, sous une pluie battante; ils attendent longtemps à la gare — beaucoup, en plein air et sur leurs brancards — le moment de leur mise en wagon. Ces détails, qu'on nous rapporte dans la soirée, augmentent encore notre chagrin.

Le lieutenant Abbé et l'adjudant Duez partent également le soir, le premier en permission, le deuxième au front.

M. Philippot, l'un des meilleurs pâtissiers d'Avallon, étant mort, la maison envoie pour nos hommes tous les gâteaux restés en magasin.

25 mars (ANNONCIATION). — Départ de la femme de Ménétrez. Le major ordonne à tous les infirmiers de se rendre à l'H. C. n° 53, pour une revaccination; mais quand ils sont là, on ne peut la leur faire, faute de cowpox.

M. Bouvet rentre à sept heures et demie du soir.

Le caporal Guérin-Desjardins me montre de fort jolis menus, qu'il a composés pour notre loterie.

26 mars. — M. Bouvet nous raconte qu'on lui a offert la direction d'un hôpital, en Bretagne ; le comte Louis de Vogüé viendra bientôt à Avallon, pour s'entretenir de nos affaires.

27 mars. — Mme de Duras-Chastellux est appelée par dépêche à Lucy-le-Bois où son beau-père, le comte Henri de Chastellux, est gravement malade.

28 mars. — Arrivée du marquis de Vogüé et de M. de Kéroman. Je ne puis que leur confirmer les décisions prises par nos Comités et leur répéter que le départ de M. Bouvet, déjà très préjudiciable à notre Hôpital, sera le signal de notre expulsion des bâtiments du collége.

Le soir, arrivée du colonel Arthaut qui est extrêmement affecté, ayant appris, à Paris, la mort de son plus jeune fils Marcel que nous n'avions pas osé lui faire connaître.

29 mars. — Nous allons ensemble rendre visite à nos défunts, au cimetière, et nous revenons à l'Hôpital où nous voyons M. Bouvet.

30 mars (MI-CARÈME). — Départ de onze convalescents. M. le marquis de Chastellux vient nous voir en se rendant à Lucy-le-Bois, auprès de son père mourant.

Guérin-Desjardins a organisé une matinée récréative à l'occasion de la Mi-Carème. Il commence par un compliment fort gracieux à l'adresse de M. l'administrateur et des dames infirmières, puis il déclame, avec un réel talent : la *Marseillaise*, le *Chant du Coq*, de « Chanteclair » ; le *Petit Fusil de Bois*. Après quelques autres déclamations et des chants accompagnés par M. Lebeau, qui nous accorde toujours un gracieux concours, cette agréable séance se termine par un thé et la *Marseillaise*, chantée en chœur par tout l'Hôpital.

31 mars. — Nous commencions des rangements dans les salles dégarnies du premier et du deuxième étage, lorsque nous recevons soixante-trois blessés venant de Verdun, dont le commandant de Châteaubriand, qu'on installe dans l'ex-chambre du commandant Albert.

Je reçois une fort aimable lettre du capitaine marquis de Bernis, remerciant des soins dont il a été l'objet, et disant qu'il n'oubliera jamais l'hospitalité de la Croix-Rouge.

2 avril. — Arrivée de la comtesse de Châteaubriand, femme du commandant ; elle est née de Chassepot de Pissy, famille qui m'est bien connue. Je la conduis voir les Terreaux de la Petite-Porte, et nous causons de nos communes connaissances.

Je vois aussi le jeune caporal Pierre de Chauvigny, d'une très bonne famille et descendant, dit-on, de Sainte-Chantal, il est fort déprimé et d'une santé très délicate.

On est obligé, d'isoler à la salle 13, Cornières, de la salle 18, qui commence à faire du tétanos.

3 avril. — Les inquiétudes sur son état s'accentuent. Départ de dix-neuf convalescents.

Mme de Châteaubriand, qui est infirmière depuis le début de la guerre, nous offre ses services ; elle a écrit à Amiens pour réclamer ses costumes ; en attendant, elle aide au réfectoire et même à la cuisine, avec la plus grande simplicité et une parfaite bonne grâce.

M. le major Billaudet m'engage vivement à écrire directement au général Mercier-Milon, persuadé que cette démarche le disposerait favorablement pour nous.

4 avril. — Le pauvre Cornières souffre le martyre, dans ses crises de tétanos : c'est l'agonie la plus terrible qu'on puisse voir... nous prions Dieu de la lui abréger.

M. l'archiprêtre vient lui apporter les secours de la Religion ; il se calme un peu.

Mme de Châteaubriand ayant reçu ses costumes, nous visitons les salles et l'Annexe : M. Bouvet la prie de se charger de la salle 10, pour soulager Mlle Gueneau, qui est fatiguée.

5 avril. — Dixième séance de radiographie ; on retire d'importants éclats d'obus.

Je commence mon déménagement, de la rue Tour-du-Magasin à la rue Saint-Lazare, que je me suis décidée à habiter, pour me rapprocher de l'Hôpital et de l'église Saint-Lazare.

Cornières passe une journée meilleure, la fièvre est moins intense.

6 avril. — État stationnaire du malade ; le major Nicolas conserve quelque espoir de le sauver.

Mme la baronne de Domecy vient voir le caporal de Chauvigny, dont elle a connu la mère.

7 avril. — Mort du pauvre Cornières. M. Bouvet, comme d'ordinaire, aide à l'ensevelissement et prie près de sa dépouille mortelle avec cette charité qui l'a fait prendre, par quelques personnes, pour un frère Saint-Jean-de-Dieu sécularisé.

Du reste, jamais nos chers défunts ne restent seuls : même après la mise en bière, nous les veillons à tour de rôle à la salle B, où ils sont exposés sous un faisceau de drapeaux dominés par celui du Sacré-Cœur. Autour, brûlent quatre cierges, dans des souches.

Retour de Mme de Duras-Chastellux, qui reprend aussitôt son service.

9 avril. — Obsèques de Cornières, au milieu d'une très belle affluence ; M. le sous-préfet, dans son discours, rappelle que Cornières a été blessé le 14 mars et était à notre Hôpital depuis le 18 du même mois.

Le soir, Mme de Châteaubriand offre des brioches à tout l'Hôpital.

Nous rangeons de la laine reçue par le comité de Mme de la Panouse. Nous ne laisserons pas chômer nos excellentes ouvrières, Mmes Cauyette, Nérat, Holleaux. auxquelles il faut joindre Mme Billardon, Mlle Cure, Mme Diez.

10 avril. — J'écris à la mère de Cornières. Dix de nos convalescents nous quittent.

11 avril. — De Chauvigny, Solle et Ménétrez font leurs pâques, chacun dans leur salle respective, étant trop malades pour se lever.

Je reçois, de Semur, une revue, donnant une intéressante notice sur le lieutenant-colonel Aubert, et son portrait parfaitement ressemblant.

12 avril. — Solle commence à nous donner de sérieuses inquiétudes. Il reçoit la visite de ses sœurs qui lui sont très attachées ; les parents sont décédés.

13 avril. — Réunion du Comité. M. Goussard y lit un article du *Bourguignon*, qui montre avec quel acharnement la suppression de notre Hôpital est poursuivie : « A quoi sert l'H. A. n° 9 d'Avallon qui, depuis trois » mois, a quatre blessés ? Pourquoi ne pas rendre les » bâtiments au collége et léser si inutilement l'instruc- » tion publique ? » On voit que nos adversaires sont bien enseignés.

Dans une conversation, Mme de Châteaubriand me raconte qu'elle a été élevée avec une de mes cousines, Mme René de Lisle, alors Mlle Colonna.

Le major Nicolas offre obligeamment de préparer les aspirantes à l'examen qui va avoir lieu le 20, en leur faisant des interrogations et des explications sur ce qui leur paraîtrait obscur.

16 avril. — Mlle Gueneau, très fatiguée par les dernières arrivées où elle s'est trouvée presque seule dans son service, a été mise par le major en congé d'un mois... malheureusement, Mme de Duras-Chastellux nous quitte demain.

17 avril. — Départ de douze convalescents.

Le docteur Nicolas fait sa première séance préparatoire à l'examen, ce qui intéresse beaucoup ces dames.

19 avril. — Mme Ménétrez revient voir son mari et lui amène leur aîné, le petit André.

Mme E. Cauyette est appelée à Paris pour recueillir les effets de son fils aîné, Jean, disparu dès le début et dont on lui confirme officiellement la mort, survenue le 20 août 1914.

20 avril. — Examen de neuf élèves-infirmières : Mmes Chanut, Lermuzeaux, Carré, Jaquot, de Châteaubriand, Genty ; Mlles Lepoix, Marie-Louise et Isabelle Kwiatkowska. Mme de Châteaubriand, qui n'avait pas de diplôme, s'est mise au rang des élèves avec une simplicité charmante, a suivi les cours et passé l'examen devant les docteurs Billaudet, major de la place, Dupêchez et Nicolas.

Départ du lieutenant Desbins, qui nous offre un joli ouvrage pour la loterie.

21 avril. — Sur le conseil de M. Bouvet, nous écrivons au Président de la République, aux ministres de la Guerre et de la Marine, pour avoir des lots.

22 avril. — M. l'abbé Ferrier part en permission dans sa famille, qui habite Poitiers.

23 avril. — Anniversaire du décès de notre excellent docteur Collinet. Sa famille a constaté depuis un an, non sans émotion, que sa tombe est constamment ornée et fleurie par les soins de ses anciens blessés ; plusieurs de ceux qui sont repartis se font suppléer dans ce pieux devoir par des camarades.

24 avril. — Départ de douze convalescents ; nous restons avec soixante-sept hommes. M. le comte de Châteaubriand, qui commence à se trouver beaucoup mieux et à manger au réfectoire, va faire une promenade en voiture avec sa femme. Tous deux m'invitent à les accompagner.

25 avril. — On apprend la mort foudroyante du petit Bernard Fortier, à Dijon. Cet enfant, qui n'avait jamais donné d'inquiétude pour sa santé, est le petit-fils de Mme Gally, la si dévouée directrice de l'ouvroir. Son père est sous les drapeaux, sa mère vient nous aider à l'Hôpital chaque fois qu'elle se trouve à Avallon ; nous nous unissons de tout cœur au deuil de cette si honorable famille.

29 avril. — Départ de huit convalescents, dont Ménétrez. M. l'abbé Ferrier, qui est de retour de sa permission, l'accompagne à Orléans, à cause de sa cécité.

1er mai. — Visite de M. P. d'Enfert. Il nous explique que le Conseil Central, ayant donné sa parole au Service de Santé de déplacer M. Bouvet, dans le but de faire cesser toute hostilité, ne peut revenir sur cette promesse. Je ne lui cache pas combien je trouve étrange cette attitude de notre Société, qui aura un effet diamétralement opposé à celui qu'on veut obtenir. M. Bouvet arrive et déclare qu'il est tout prêt à suivre les ordres de ses chefs et à quitter Avallon dès qu'ils le commanderont ; il commence même ses préparatifs de départ. Nous sommes d'autant plus peinés que nous voyons clairement que ces messieurs du Conseil Central, malgré quelques vagues assurances, n'ont aucun successeur à lui donner.

4 mai. — Départ du commandant de Châteaubriand et du lieutenant Germond, qui laissent le meilleur souvenir à l'Hôpital. Nous regrettons beaucoup Mme de Châteaubriand, qui mettait tant d'entrain et de bonhommie à aider dans tous les services.

7 & 8 mai. — Les départs de convalescents continuent. Nous faisons des rangements, avec Mmes Baudot et Henriot. Mme Tramé, de Sous-Roche, nous avertit qu'elle ne peut continuer le blanchissage de la Croix-Rouge, faute d'aides. Mme Moricard, rue de Lyon, accepte de la remplacer.

Arrivée, vers seize heures, de quatre-vingt-cinq blessés de Verdun, dont quinze sous-officiers. Mme de Duras-Chastellux revient fort à propos pour reprendre son service. Nous donnons trente-deux douches dans la soirée.

10 mai. — Continuation des douches et numérotage des effets. M. de Valence nous annonce l'arrivée du « successeur de M. Bouvet » pour le 15 *au plus tard* et nous demande, « pour le bien de la Patrie », de l'accueillir favorablement... Mais comme il ne mentionne aucun nom, il nous paraît probable que ce successeur n'est pas encore trouvé.

J'apprends que notre vénérable vice-présidente, Mme Félix de la Brosse, touche à ses derniers moments. Je vais lui dire un suprême adieu, elle me reconnait très bien et nous nous embrassons avec émotion.

Arrivée du lieutenant Émile Perrin, mon petit-neveu, avec ses nouveaux galons et sa Croix de guerre.

14 mai. — Le Comité des dames rédige une protestation collective contre le déplacement intempestif de l'administrateur et confirme sa décision de démissionner ; cette protestation, signée de douze noms, est adressée au Conseil Central, rue François-Ier.

15 mai. — Mort de Mme F. de la Brosse, qui laisse d'unanimes regrets.

Arrivée de la mère de Saupin, qui habite Oudon, près de Nantes. A cause de l'état très grave de son fils, qui a été isolé à la chambre 20, on lui permet de rester auprès de lui et d'aider les infirmières à le soigner.

MM. l'abbé Ferrier, Quétand et Lermuzeaux subissent la piqûre paratyphique.

17 mai. — Nous sommes toujours sans nouvelles de la délégation d'Orléans, ni d'un successeur quelconque de M. Bouvet.

On ampute Léonard Branland, atteint de gangrène gazeuse à la cuisse ; mais il expire quelques heures plus tard, assisté de M. l'abbé Ferrier.

M. Bouvet reçoit, le soir, une lettre de M. de Valence lui annonçant, pour le vendredi 19, l'arrivée de son successeur — M. Mestivier — avec MM. de Kéroman et d'Enfert. Il lui demande de convoquer le Bureau à cette occasion.

18 mai. — M. Bouvet fait la convocation réclamée. Mme Perrin et M. Melot répondent qu'étant démissionnaires, ils n'ont aucune raison d'assister à cette réunion. M. Gally s'excuse sur la besogne très chargée de l'étude. M. Billardon envoie une lettre très ferme disant que M. de Kéroman ne l'a pas avisé, au début de la guerre, de la nomination de M. Bouvet, pas plus que de son prochain déplacement ; qu'il n'a provoqué aucune enquête contradictoire sur les faits allégués par le principal, que le Bureau n'a donc pas à intervenir pour la présentation d'un successeur sur le choix duquel il n'a pas davantage été consulté.

19 mai. — Arrivée en auto de MM. de Kéroman, d'Enfert et Mestivier, qui prennent en passant M. Billardon. Ils manifestent, en arrivant à l'Hôpital, quelque crainte de voir les infirmières refuser leur service. M. Bouvet les rassure complètement à cet égard et présente lui-même M. Mestivier au personnel et aux infirmières.

20 mai. — Je continue mon service à la salle de bains avec M. Lermuzeaux, lorsqu'on traversant un couloir, je rencontre M. Bouvet qui me présente M. Mestivier. Celui-ci, d'une physionomie bienveillante, d'un caractère fort honorable, paraît très embarrassé du rôle qu'on veut lui faire jouer. Il me raconte, qu'ancien caissier d'une importante maison de commerce d'Orléans, il a vu ces jours-ci arriver dans sa retraite MM. d'Enfert et de Kéroman. Ces messieurs, n'ayant personne à amener ici, ont insisté fortement pour qu'il accepte le titre d'administrateur de l'H. A. n° 9, l'assurant que deux heures de présence par jour seraient suffisantes pour expédier la besogne. Il voit bien, dit-il, qu'il a été tout à fait trompé et regrette profondément d'être venu. Cependant comme il a donné sa parole à ces messieurs, il va faire un essai, mais demande à M. Bouvet de rester encore huit jours, pendant qu'il retournera à Orléans chercher ses effets et mettre ses affaires en ordre.

23 mai. — Visite inopinée du médecin-principal Sébillon, qui vient pour voir l'H. A. n° 48 et insiste pour sa réouverture ; on lui répond, comme toujours, qu'il faut pour cela nous envoyer le personnel nécessaire. Il paraît surpris du départ imminent de notre administrateur, sur lequel il comptait sans doute pour ce projet, et m'engage vivement à écrire directement au général Mercier-Milon — très sensible, dit-il, à ces sortes de démarches — afin d'obtenir le maintien de M. Bouvet. J'écris donc dans ce sens au général et en avise M. de Valence.

Départ de quinze convalescents.

24 mai. — Mort de M. Eugène Morio, qui avait rendu bien des services à nos blessés, au moyen de son auto.

25 mai. — Départ du major Boulongue. M. Mestivier retourne à Orléans et M. Bouvet reprend son service.

27 mai. — Enterrement de M. Morio dans la matinée et le soir, de Sébille, boulanger qui est mort à l'ouvrage, tous ses fils étant sous les drapeaux.

Départ de dix convalescents.

28 mai. — M. l'abbé Ferrier porte la sainte Communion à Saupin et à l'un de ses paroissiens de La Chapelle-Saint-Laurent, qu'il a reconnu dans la dernière arrivée.

On nous annonce une importante arrivée de blessés ; nous les attendons, en vain, à dix heures et demie et à seize heures. Le soir, toutes les infirmières sont groupées dans la cour et dans la pharmacie, ce qui nous rappelle les premiers jours de la mobilisation, alors que nous nous exercions de nuit au maniement de l'autoclave.

Enfin, à vingt heures et demie, on amène cinquante-cinq blessés, presque tous couchés sur brancards : c'est un spectacle impressionnant ! On en installe un peu partout. Le major Nicolas et M. Lermuzeaux font les pansements à l'Annexe, pendant que nos docteurs sont occupés dans les salles du grand bâtiment. Nous remercions Dieu que M. Bouvet se trouve encore là, dans une conjoncture aussi importante.

Vers minuit, tous nos blessés sont pansés et couchés.

29 mai. — On donne quelques douches seulement, la plupart des blessés ne pouvant quitter le lit.

Départ du jeune de Chauvigny, emmené par son frère à Ermont, près d'Enghien.

Je reçois la réponse du général Mercier-Milon, me disant « qu'à son très grand regret, il n'est pas possible de revenir sur la mesure prise. »

30 mai. — Départ de quarante-quatre convalescents. M. Mestivier n'ayant pas reparu, M. Bouvet se demande s'il doit laisser l'Hôpital sans administrateur dans un pareil moment ; il vient aider à l'Annexe.

31 mai. — Je passe une nuit très impressionnante au milieu des grands blessés de l'Annexe : Turbé, dont la cervelle s'échappe du crâne entr'ouvert ; Cassin, couvert de blessures ; Knittel, souffrant affreusement dans la région lombaire, etc., se croient encore sur le champ de bataille et poussent des cris lamentables ; Knittel surtout, qui s'exclame de temps en temps : « Tuez-moi ! mais achevez-moi donc, je souffre trop !... »

1er juin (Ascension). — Départ définitif de M. Bouvet, qui exige que personne ne l'accompagne, et monte en omnibus, rue Bocquillot.

Mme de Duras-Chastellux rédige elle-même une adresse des infirmières, exprimant leur reconnaissance à M. Bouvet « pour les éminents services qu'il a rendus à l'Hôpital et pour sa collaboralion si dévouée à l'œuvre commune qu'elles étaient heureuses et fières d'accomplir sous sa direction. »

5 juin. — Je reprends mon service à l'Annexe, Mme Genty nous ayant fait des adieux définitifs.

Le père de Turbé, négociant à l'Ile-de-Ré, vient voir son fils ; il me montre le portrait de celui-ci, qui était, en bonne santé, un bien beau garçon.

6 juin. — Arrivée de M. l'abbé Malaquin, curé mobilisé d'Etivey, qui vient remplacer Quétand.

7 juin. — Je lui fais visiter l'Annexe, où il commence son service. Je remarque sa franchise, sa bonté et son ardeur infatigable au travail.

Départ du père de Turbé qui nous laisse une offrande·

8 juin. — Départ en permission du major Nicolas. Mort très rapide d'Arthur Lelièvre, un de nos blessés. Je le veille, la nuit.

10 juin. — Enterrement de Lelièvre.

Arrivée de quarante-neuf petits blessés, venant de Bar-le-Duc.

L'état de Pierre Turbé devenant de plus en plus grave, on est obligé de l'isoler à la salle 21 ; un autre blessé, Louis Mortreux, est isolé à la salle 20. Je les veille tous deux.

11 juin. — Les deux malades reçoivent le saint Viatique et l'Extrême-Onction : touchante et émouvante cérémonie.

12 juin. — Mort de Louis Mortreux, à dix heures. Il est mis en bière le soir.

13 juin. — Arrivée de dix nouveaux blessés.
M. et Mme Turbé, prévenus par dépêche, arrivent de l'Ile-de-Ré avec Maxence, la fiancée de Turbé, qui paraît une personne pleine de cœur.

14 juin. — Obsèques de Louis Mortreux ; sa mère et sa sœur y assistent.
A minuit, on prend dans toute la France l'heure officielle, qui avance de soixante minutes sur l'heure réelle.

16 juin. — Comme je demande au docteur Billaudet pourquoi nous ne recevons plus le service radiographique, il me répond que depuis un mois le médecin-chef a perdu sa trace et ne sait plus ce qu'il est devenu ; aussi, le docteur voudrait-il bien en établir un à Avallon.

17 juin. — Turbé, après une crise violente, paraît entrer en agonie ; son père et sa mère ne le quittent pas, non plus que Maxence et quelques amis.

19 juin. — Mme Holleaux est absente et Mme de Chastellux malade ; je veille le pauvre Turbé, qui a une nuit assez calme, mais se paralyse de plus en plus.

20 juin. — Mort de Turbé, après une longue et pénible agonie. Il est veillé par Mmes Guéniffey, mère, et Tatesausse, qui se sont beaucoup intéressées à lui et à ses parents.
Je rends visite à Mme de Duras-Chastellux, qui est obligée de garder le lit et m'entretient longuement de l'avenir de notre Hôpital.

21 juin. — Je vais voir M. Mestivier dans son appartement, route de Lormes ; il est atteint d'une bronchite sérieuse et ne peut venir à l'Hôpital.

22 juin. — Obsèques de Turbé, à huit heures du matin ; ses parents emmènent son corps à l'Ile-de-Ré.
M. Goussard vient demander à M. l'abbé Ferrier un « bouquin » qui traite de l'érection des comités.

23 juin. — M. Jacob, qui avait été obligé de s'absenter, revient au bureau. Mlle Pelletier, de Cussy, malgré toute sa bonne volonté, est obligée de renoncer aux veilles de nuit, trop dures pour son âge et sa fragile santé. Quelqu'un nous propose comme infirmière Mme Blandin, née Duvannez, jeune veuve de la guerre, qui a servi depuis un an dans les hôpitaux de Paris et demeure maintenant à Avallon, chez ses parents.

26 juin. — Visite de Mme de Duras-Chastellux, qui m'annonce qu'elle est enceinte de trois mois et se voit obligée, à son grand regret, de quitter l'Hôpital... pour longtemps.

Je me permets quelques représentations sur l'excès de courage qu'elle a montré en continuant un service fatiguant, dans l'état où elle était, notamment lorsqu'elle soignait les plaies d'un blessé atteint de gangrène gazeuse... les malaises violents dont elle a souffert dernièrement pourraient bien provenir d'un peu d'intoxication ; elle m'assure avec son entrain ordinaire qu'il n'en est rien, que ces malaises sont sans importance et passeront.

Son départ va nous laisser un bien grand vide.

27 juin (CONFIRMATION, à Saint-Lazare). — J'apprends incidemment que Mgr a visité l'Hôpital, à son arrivée.

28 juin. — Je retourne chez M. Mestivier. Il me raconte, ce qui ne me surprend nullement, que le principal a écrit au docteur Billaudet pour lui redemander le collège... preuve bien évidente que ce n'était nullement la personne de M. Bouvet qui lui portait ombrage. Nous causons de la loterie et de Mme Blandin, que M. Mestivier a été voir pour l'engager à entrer en fonctions le plus tôt possible.

Depuis quelques jours, les lots les plus remarquables de notre loterie ont été exposés tour à tour dans les vitrines du magasin de Mme Bachelin ; on les a beaucoup admirés et ces dames ont facilement écoulé le reste des dix mille billets mis en circulation. Les environs ont rivalisé d'entrain avec la ville pour le succès de cette loterie.

29 juin. — Arrivée de seize blessés, à onze heures et demie. Départ de vingt-neuf convalescents. On apprend la mise à la retraite de Mercier-Milon... Il est regrettable, pour notre Hôpital, qu'elle ne se soit pas produite un peu plus tôt.

Tirage de la loterie, à l'Hôtel de Ville. Les mille lots sont exposés sur l'estrade, sur les marches, pendus aux murs. Outre le vase de Sèvres offert par le Président de la République, il y en a de fort jolis : des antiquités, de ravissants ouvrages de broderie, une aquarelle de M. Mignard, des peintures, des statuettes.

Le commissaire de police, M. Bourette, a été envoyé pour surveiller ce tirage ; il se montre d'une courtoisie de bon ton, saisit aisément la marche — très simple — de notre tirage, qui assure un lot à chaque série de dix billets... et assiste avec résignation aux six heures de ce tirage. Au bout de ce temps, on n'en est qu'à la moitié, c'est-à-dire au cinq centième lot !

Un buffet a procuré quelques instants de répit aux organisateurs et permet de régaler la bande de charmants bambins qui se disputent le plaisir de sortir les numéros des sacs. On se donne rendez-vous pour le lendemain.

30 juin. — Nous revenons vers une heure et demie. M. le commissaire endosse une nouvelle séance de cinq heures, où sa présence lui paraît être bien superflue...

1er juillet. — Arrivée de la voiture radiographique. Nous débrouillons les lots non réclamés les deux jours de loterie, et malgré leur grand nombre, nous avons la satisfaction de nous en tirer avec le minimun d'erreurs, grâce aux précautions minutieuses prises par ces demoiselles.

M. Billardon vient au bureau ; il me dit que lui et M. Goussard se préoccupent de la situation de l'Hôpital ; ils n'y rencontrent jamais M. Mestivier, presque toujours malade, et qui vient de repartir pour Orléans. Il m'apprend que ces messieurs du Conseil Central, avant d'amener M. Mestivier, avaient exigé que le Comité d'hommes d'Avallon lui assurât deux cents francs d'émoluments par mois.

2 juillet. — Départ du service radiographique, qui a fait sa onzième séance et examiné vingt blessés.

3 juillet. — J'apprends la mort de notre excellent parent, M. Aubert, ancien notaire à Semur, qui n'a guère survécu à son fils.

Mme Blandin commence son service à la salle 17 et s'en acquitte avec zèle et habileté.

4 juillet. — Obsèques de M. Aubert, qui est ramené à Avallon, dans un caveau de famille ; ses petites-filles viennent visiter l'Hôpital et nous montrent divers ouvrages propres à distraire les blessés.

7 juillet. — M. Bouvet envoie les devis de la Maison Gaiffe, pour le service radiographique que le docteur Billaudet rêve d'établir.

8 juillet. — Départ de cinq convalescents de l'Annexe, dont Serrault, qui nous avait beaucoup aidé pour la loterie, en annonçant les lots à haute voix et en recopiant l'interminable liste qui devait être envoyée à la mairie.

Je fais connaissance du sergent Guillot, lyonnais fort aimable, qui m'a été recommandé par Mme Mercier, la fille de mon excellente et regrettée amie, Mme Pinard.

10 juillet — Triste journée ! Le bruit court que M. Mestivier aurait donné congé de son appartement, ne voulant plus revenir. Le docteur Billaudet écrit à M. Billardon pour s'en assurer ; celui-ci répond qu'effectivement, notre administrateur ne reviendra pas, et qu'il faut en aviser M. de Kéroman par dépêche.

M. Quétand apprend qu'il est mandé d'urgence à La Chapelle-Saint-Mesmin ; le major l'engage à rester encore deux ou trois jours, pour que notre Hôpital ne soit pas tout à fait dépourvu.

11 juillet. — M. de Kéroman est du même avis et envoie une dépêche pour demander que l'abbé Malaquin soit mis, auparavent, au courant de son service.

Départ de Lagrancyrie, de Maisons-Alfort, qui nous a aussi donné un concours effectif à la loterie.

12 juillet. — M. Quétand s'efforce de mettre M. l'abbé Malaquin au courant de l'économat ; l'excellent abbé, plus habitué a diriger ses ouailles qu'a faire des achats en gros, s'y met néanmoins de tout son cœur. M. de Kéroman nous a avertis, du reste, qu'il avait obtenu un sursis pour Quétand, M. Mestivier « ne pouvant revenir au moins d'ici quelques semaines. »

Cette phrase nous amuse d'autant plus que M. Mestivier a écrit la veille qu'il « ne reviendrait pas du tout. »

13 juillet. — Dupuy de la Badonnière, salle 18, se met à apprendre l'anglais, dont il a quelques notions.

14 juillet (FÊTE NATIONALE). — Nous organisons des jeux, avec un thé et des chants. Cassin, qui va bien mieux, déclame deux monologues. Girard, amputé des deux jambes, repart pour Libourne où il sera près de sa famille. C'est un beau garçon, plein de courage malgré sa double infirmité, il mettait volontiers toute la salle en train quand ses souffrances n'étaient pas trop vives ! Il avait donné, une certaine nuit, une grosse alerte à la dame veilleuse qui s'était aperçue que son pansement rougissait d'une manière inaccoutumée ; c'était une hémorragie artérielle qui commençait !... Frapper à la porte de Mlle Baudot, aller chercher un des majors de l'Annexe, avait été l'affaire de quelques minutes, mais avant que le major ait pu revêtir les vêtements indispensables, Mlle Baudot avait fait les ligatures et arrêté l'hémorragie avec l'habileté d'un chirurgien. Une fois de plus, nous avons béni la Providence de l'avoir placée à la tête de notre Hôpital.

15 juillet. — Nous avons la joie de voir, dans l'*Illustration* du jour, le portrait, saisissant de ressemblance de notre vaillant commandant Albert. Nommé récemment lieutenant-colonel, il venait de reprendre Estrées (Somme), avec son régiment, et le général en chef met sur sa poitrine la rosette si bien méritée.

16 juillet. — M. Vallery-Radot (de Marrault), de l'Académie Française, vient visiter l'Hôpital. Plein de sollicitude pour les blessés, il a fondé la « Ligue des Amis des Aveugles, » qui a déjà rendu tant de services aux nombreux soldats atteints de cécité.

Il parcourt les salles avec intérêt, adressant à chacun un mot charmant, et laisse une généreuse offrande.

19 juillet. — Inspection du major Lobry ; les récentes instructions du Service de Santé enjoignent de donner de la viande, dans les hôpitaux, tous les soirs ou, au moins, quatre fois par semaine. Depuis près d'un an, M. Bouvet, d'après les conseils du Conseil Central et des majors, avait supprimé la viande le soir ; on donnait un potage, un bon plat de légumes et un dessert cuit, compote, etc.

M. de Kéroman avait annoncé, le 15, « un nouvel administrateur » ; M. Billardon nous apprend que ce sera M. Pagnier.

20 juillet. — Arrivée de M. d'Enfert et de M. Pagnier. Départ du sergent Guillot, de Montchat, près Lyon.

21 juillet. — Je trouve M. Pagnier dans son bureau ; grand, d'âge moyen, il porte le costume officiel d'administrateur et en connaît parfaitement les fonctions, qu'il a exercées pendant la guerre, à Villefranche-sur-Saône. Il insiste, avec une parfaite politesse, pour me donner le titre de présidente du Comité ; je lui réponds que j'ai donné ma démission, après mûre réflexion, et que, du reste, le Comité m'a suivie — sauf trois de ces dames. Puis, M. d'Enfert n'a-t-il pas dit ces jours-ci, en confidence à M. Billardon, qu' « un comité de dames ne sert à rien en temps de guerre... » ?

M. Pagnier s'installe de suite à l'Hôpital, qu'il entend ne quitter ni nuit, ni jour.

23 juillet. — On commence à appliquer la mesure réclamée par le Service de Santé, de donner de la viande le soir.

24 juillet. — M. Billardon réunit le comité de la loterie. Il expose la demande du docteur Billaudet, que ce comité prélève mille francs sur le gain de la loterie pour les appliquer à la radiographie, dont on projette l'établissement à l'hospice civil.

Nous posons ces objections : l'H. A. n° 9 n'est-il pas menacé sans cesse d'expulsion, ce qui l'empêcherait de profiter des avantages de ladite radiographie ?... D'autre part, n'est-il pas contraire aux termes de l'autorisation donnée par le préfet de l'Yonne, de prendre mille francs sur l'argent de la loterie au profit d'une autre œuvre, si utile puisse-t-elle être ?...

M. Billardon promet d'éclaircir ces deux points, et surtout de ne rien faire sans l'assentiment de ces dames qui, dit-il, « ayant par leur industrie, réuni cette somme, ont bien le droit d'être consultées sur son emploi. »

25 juillet. — M. Pagnier a fait les démarches nécessaires pour faire bénéficier Mlle Gueneau d'une œuvre très utile, créée par le Conseil Central. En effet, celui-ci envoie dans une maison de Suisse, située dans une altitude favorable, celles de ses infirmières qui sont fatiguées par le service des hôpitaux, et dont la santé réclame repos et grand air. Mlle Gueneau étant dans ces conditions, sera admise dans cet établissement le temps nécessaire pour rétablir ses forces.

Nouvelles opérations de Saupin et de Dabonneville (de la salle 17), par le major Guilbert.

26 juillet. — Les opérés vont très bien, mais Solle nous inquiète de plus en plus ; je lui ai tenu compagnie dans l'après-midi.

27 juillet. — Départ de cinq convalescents de l'Annexe.

29 juillet. — Je demande à M. Pagnier d'éclaircir la situation de l'H. A. 48 (de La Pierre-qui-Vire). Est-il, oui ou non, fermé par l'autorité compétente ?

30 juillet. — Communion générale des enfants du monde entier, demandée par Notre Saint-Père le Pape, pour obtenir le rétablissement de la paix.

31 juillet. — On annonce le prochain départ du major Billaudet, ce qui serait une nouvelle épreuve pour notre Hôpital, d'autant que M. Pagnier craint de ne pas voir revenir le major Guilbert, parti en permission. Nous n'avons eu qu'à nous louer de ce jeune docteur, très expert, et de sentiments distingués : nous demandons au major Billaudet s'il voudrait bien, avant son départ, procéder à l'examen de nos trois élèves-infirmières : Mmes Neveux, Henriot et Blandin.

2 août. — Je rencontre, à l'Hôpital, le successeur du docteur Billaudet : le major Houillon. Ces messieurs fixent l'examen au vendredi, 4 courant.

Réunion du comité des messieurs, qui se sont adjoints MM. Chevalier et Carré. Ils votent les mille francs demandés pour la radioscopie de l'hospice sans nous en avoir reparlé, et décident de se réunir désormais tous les trois mois.(1)

3 août. — Solle a reçu aujourd'hui les derniers Sacrements. C'est un garçon qui a des sentiments religieux et une bonne éducation ; il est fort triste de ne

---

(1) De fait, cette réunion a été la dernière tenue par ces messieurs.

pas mourir dans son pays ; mais ses sœurs, quoique l'aimant tendrement, n'ont pas osé le reprendre, craignant la contagion de sa terrible maladie — la tuberculose — pour leurs enfants.

4 août. — Examen des trois élèves-infirmières devant le docteur Billaudet, le docteur Houillon, son successeur nommé, et le docteur Dupêchĕz, en vacances à Avallon : cet examen est très satisfaisant et nous donne trois bonnes infirmières en plus. Mme Henriot, malgré l'offre qu'on lui fait de passer au service des blessés, préfère modestement rester à sa lingerie où la besogne, plus ingrate, est si nécessaire aussi ; ceci cause l'admiration d'un inspecteur du Service de Santé, auquel je raconte le fait. Mme Blandin continue son service à la salle 17 : Mme Neveux qui ne peut, à cause de ses enfants, fournir un service suivi, vient aussi souvent que possible à la salle 18, plus chargée de besogne que les autres, avec ses trente-deux lits.

5 août. — Mort de Jacques Solle ; ses sœurs nous disent qu'il avait été élevé au séminaire. Elles le pleurent sincèrement.

Obsèques de M. Louis Gagniard, oncle de Mlle Jeanne, qui avait servi de père aux enfants de son beau-frère, le général Rousseau.

Le lieutenant Simion, d'Avallon, est amené à l'Hôpital. L'éclatement d'un obus lui a fait perdre les deux yeux et cinq doigts sur dix ; il montre un courage admirable et commence sans tarder sa rééducation, avec les moyens nouveaux mis à la portée des aveugles de guerre.

6 août. — Séance de gymnastique, sur les Terreaux de Vauban. J'y rencontre Paul Steiss, de Cousin, qui a perdu une jambe, au front, et suis frappée de son énergie et de sa bonne humeur.

7 août. — Obsèques de Solle, qui est emmené à Verrières, près Montbrison.

Visite de l'Hôpital avec mes cousins, M. et Mme Ch. Joseph ; Mme Genty vient aussi revoir son ancien service.

8 août. — Nous avons la visite de M. et Mme Cazabonne, alliés de M. Bouvet, qui nous parlent de lui avec autant d'estime que d'affection ; ils viennent de passer trois semaines fort agréables, à La Pierre-qui-Vire.

9 août. — MM. d'Enfert et de Kéroman, qui se sont fait annoncer, arrivent au bureau de M. Pagnier. Ils lui expriment leur désir de nous voir conserver l'H. A. n° 48 que nous devrions, le cas échéant, faire marcher avec nos seules ressources — prétention inadmissible, puisque nous manquons absolument de personnel et que le Service de Santé refuse de nous en fournir.

10 août. — Mlle Kwiatkowska étant partie en vacances, je vais aider l'abbé Malaquin au service du réfectoire.

11 août. — Je fais voir l'Hôpital à mon petit-neveu Henri Arthaut, qui vient de recevoir sa nomination de capitaine. Nous sommes accompagnés de Mlle Madeleine Peltier, petite-fille de Mme Bourne, qui nous a offert ses services pendant les vacances. Elle aide assidûment à la cuisine, faisant preuve, malgré la brillante culture de son esprit, d'une modestie et d'une réserve au-dessus de son âge.

17 août. — Mme de Duras-Chastellux m'ayant écrit que M. de Valence était d'avis que l'on reformât un comité de dames, je lui réponds que c'est aussi le mien, à condition qu'elle accepte la présidence et que l'on ne me donne pas de fonction dans le futur Bureau.

19 août. — Saupin et Cassin viennent déjeuner à la maison ; ce dernier est grand amateur d'échecs.

21 août. — M. Pagnier, qui a reçu hier l'ordre de départ de Quétand, voudrait le garder jusqu'au 22 ; mais celui-ci, dès qu'il en a connaissance, prend immédiatement le train pour La Chapelle-Saint-Mesmin.

M. le docteur Billaudet vient me faire ses adieux, devant malheureusement nous quitter le 23.

22 août. — M. l'abbé Ferrier me montre une circulaire de Bordeaux, en date du 10 septembre 1914, émanant du Gouvernement et classée sous le n° 18, qui « reconnaît aux hôpitaux auxiliaires installés dans les « locaux de l'Instruction secondaire le *droit absolu* d'y « préparer des salles d'isolement pour les cas contagieux « qui pourraient se déclarer chez les malades qu'ils hos- « pitalisent... » ce qui montre, une fois de plus, l'inanité des motifs qui ont été invoqués contre M. Bouvet et contre nous.

M. Lermuzeaux me montre des gants, coussins et autres objets en caoutchouc qui lui ont été apportés la veille par deux jeunes Américains, lesquèls ont promis de nouveaux dons.

On envoie, du Bureau, une lettre-circulaire aux curés et maires de l'arrondissement pour solliciter des offrandes en espèces et en nature.

23 août. — Départ de Mme H. Holleaux. Je vais surveiller la salle 17, comme je le lui ai promis.

25 août. — Mlle J. Polart et M. Oriol m'emmènent, en auto, à La Pierre-qui-Vire. Je rencontre, à Saint-Léger, M. Léopold Harmel, cousin germain du « bon père » du Val-des-Bois. Maire de Boulzicourt (Ardennes), expulsé de sa commune, ce digne magistrat est réfugié depuis près d'un an à La Pierre-qui-Vire, où il s'efforce de rendre des services à l'abbé Lepage.

26 août. — Petite insurrection à l'Hôpital. On y a supprimé le « jus », à la suite de quelques remarques désobligeantes des *Poilus,* et on l'a remplacé par la soupe... ce qui ne fait pas du tout leur affaire. Cassin attrape deux jours de consigne, qui sont doublés par le major.

27 août. — Aujourd'hui dimanche, je vais trouver M. l'administrateur pour lui expliquer que la liberté de conscience étant assurée à l'Hôpital, le docteur Billaudet avait décidé que la consigne même n'empêcherait pas d'aller à la messe ceux qui en ont l'habitude ; mais il ne partage pas cette manière de voir.

28 août. — L'effervescence continue : on est monté contre M. l'administrateur et M. l'abbé Malaquin.

M. Pagnier décide qu'on ne rendra le café que le 31, et le major Houillon que les sorties n'auront plus lieu que trois fois par semaine.

Le major Dupêchez, qui a rendu de grands services à l'Hôpital et en ville, va nous quitter définitivement. Le jeune Noël Lefebvre, qui avait montré les mêmes aptitudes et la même bonne volonté que son frère aîné, va, à son tour, partir sous les drapeaux.

29 aout. — M. Bocquet emmène l'administrateur et l'abbé Ferrier dans son auto, à La Pierre-qui-Vire. On a décidé de redonner le « jus » à nos hommes, ce qui rassénère les esprits ; je viens faire une partie d'échecs avec Cassin, qui n'a pas encore terminé sa consigne.

30 aout. — Arrivée de quarante grands blessés venant de la région de Verdun, notamment de l'hôpital anglais de Revigny.

Annonce d'une caisse, expédiée par Miss Alice Arms, contenant : douze paires de gants de caoutchouc, des coussins et des bouteilles en même matière ; d'autre part, la colonelle Root m'envoie cinq dollars (vingt-cinq francs), pou ravoir des pneus en caoutchouc pour nos béquilles.

31 aout. — Grande inspection de trois chefs du Service de Santé ; l'un d'eux, qui est pharmacien, voudrait nous retirer M. Lermuzeaux, mais finit par nous donner l'espérance qu'on le laissera en le gradant sur place.

Mlles Thorette, filles du percepteur, qui nous apportent un aimable concours à la cuisine, distribuent aujourd'hui d'excellentes poires à nos blessés ; ces fruits, inconnus cet été dans la région, proviennent d'une propriété qu'elles possèdent au sud de Lyon et causent un vif plaisir aux chers Poilus.

1ᵉʳ septembre. — Philippot, qui travaillait depuis un certain temps à l'Hôpital, nous quitte inopinément.

M. Dupêchez fait ses adieux, on attend pour demain son successeur.

2 septembre. — Je rencontre, à la salle 17, le docteur Charpentier qui va remplacer M. Dupêchez.

3 septembre. — Je vais garder les malades de la salle 9, qui sont un peu dépourvus d'infirmières.

Sermon de charité, par l'abbé Ferrier, suivi d'une quête fructueuse faite pour les pauvres, par Mme Judicier.

4 septembre. — Départ de Cassin pour Auxerre. On nous montre un article de l'*Yonne* « Prêtre ou Soldat ? » qui vise le sermon de charité de dimanche dernier.

5 septembre. — Visite de Mme la baronne de Domecy, avec quatre de ses filles. Depuis quelque temps, ces demoiselles ont eu la pensée charitable de soulager les dames de la lingerie en raccommodant les chaussettes des blessés, elles rapportent celles qui sont réparées et en prennent d'autres ; elles nous promettent aussi de faire des confitures de mûres, les fruits manquant tout à fait cette année.

Un religieux mobilisé (de la Sainte-Famille, dans l'Ain), vient au bureau ; il est hospitalisé à l'Annexe de l'H. C. n° 53 et voudrait bien être chez nous.

6 septembre. — Crise subite de Jean Rankin, de la salle 18. On l'a opéré hier soir d'une hernie au cerveau et isolé à la salle 20, où je vais le soigner.

7 septembre. — Notre malade se trouve mieux, il retrouve la parole et le sentiment ; on a mandé sa mère par dépêche, mais elle n'arrive pas.

8 septembre. — M. Maurin, de Sauvigny, nous envoie son dixième billet de cent francs... qui ne sera pas le dernier, et M. Bresson, de Tharot, continue le cours de ses générosités.

9 septembre. — Rankin est toujours bien bas, je le veille avec Mme Tatesausse.

Remise de la Médaille militaire à Joseph Barthe, de la salle 18, qui la reçoit sur son lit.

10 septembre. — Rankin passe une bien pénible matinée ; je m'attache à ce pauvre garçon, très patient et même gracieux, malgré ses terribles souffrances ; il a un sourire charmant pour remercier, lorsqu'on lui a rendu quelques services. Nous sommes obligées de le changer fréquemment, avec Mme Frizon ; M. l'abbé Ferrier lui a donné, il y a quelques jours, les secours de la Religion.

12 septembre. — Le cher malade a expiré ce matin, à neuf heures et demie.

14 septembre. — Obsèques de Rankin ; il n'y a personne de sa famille. Joli discours, fait par M. le sous-préfet.

Douzième séance de radiographie.

M. Quétand est envoyé aux Aubrais, service de la désinfection des wagons.

15 septembre. — Je vois un professeur du collège. qui me dit n'avoir pu prendre de vacances ; le principal se croyait si sûr de reprendre possession du collège après le départ de M. Bouvet qu'il avait laissé un de ces messieurs pour réinstaller les classes après notre départ, mais, dit-il, il n'y a maintenant plus à craindre cela. — *Deo gratias !...*

16 septembre. — Départ de trois convalescents.

Mme Lamare nous fait trente kilos de confitures de mûres.

On fait signer, à l'Hôpital, des cartes postales tirées à différentes reprises par M. Duvergier, pour les envoyer aux dames de Baltimore qui nous ont fait don des objets de caoutchouc... Il paraît qu'en Amérique, on s'arrache ces sortes de cartes représentant les Poilus français et signées par eux.

Nous recevons des lettres de la mère et du frère de Rankin, qui est sous les drapeaux, expliquant l'impossibilité où ils ont été de venir à Avallon.

17 septembre. — Pèlerinage à Sauvigny, à Notre-Dame-des-Bois, dans la propriété des comtes de Bertier. On vend, à la porte de l'église, la petite fleur de la Croix-Rouge, au profit de notre Hôpital.

Mlle H. Cauyette vient faire visite à nos blessés et leur distribuer des cigarettes.

18 septembre. — Projections à la salle 18, par Mlle J. Gagniard, qui cherche charitablement à distraire nos blessés, consignés à l'Hôpital à cause de l'épidémie de scarlatine qui sévit en ville. Elle leur montre l'histoire de Jeanne d'Arc, qui plaît toujours à nos soldats, des vues de Suisse et d'Italie, et l'on conclut par un thé au rhum, avec des gâteaux.

19 septembre. — Cassin m'écrit qu'il vient d'être décoré de la Croix de guerre, qui lui a été remise avec les honneurs militaires.

22 septembre. — L'abbé Ferrier m'annonce la mort du jeune et chrétien lieutenant Abbé, qui était ici en même temps que le comte de Châteaubriand. Il a appris aussi la fin glorieuse de l'aspirant Veil (salle 11), auquel nous nous étions intéressés à l'Hôpital. Paraissant d'un esprit très cultivé et plutôt éloigné des idées religieuses, ce jeune homme, quoique simple ouvrier, s'était instruit par la lecture ; il cherchait ardemment le bien des classes populaires, et aspirait à la Vérité absolue... Il avait trouvé les deux dans la lecture de l'Evangile que lui avait procuré M. l'abbé Ferrier, et s'était donné à Dieu au point de communier tous les dimanches, les dernières semaines qu'il avait passées à l'Hôpital, et de faire oraison.

23 septembre. — Arrivée inopinée d'André Arthaut, qui vient passer deux jours avant d'entrer au cours d'élèves-aspirants, à Joinville-le-Pont.

24 septembre. — Dupuy de la Badonnière vient déjeuner avec nous et nous faisons tous trois un bon tour dans les deux Cousins.

25 septembre. — Séance de projections : Les monuments de Rome — Les principales forêts de France.

26 septembre. — Nouvel et très bel envoi des Américains : chemises, taies d'oreillers, serviettes, draps, etc.

28 septembre. — Le principal imagine de nouvelles revendications. Il exige le passage par la salle de bains, redemande la chambre de l'administrateur, le magasin aux provisions, etc., toutes choses qu'il est impossible d'accorder.

29 septembre. — Arrivée de vingt-huit blessés ou malades de l'hôpital de Château-Thierry.

Nous faisons, avec M. Jacob, un nouveau classement de la bibliothèque.

30 septembre. — Mme Jullian réclame les tables de nuit qui avaient été prêtées par le collège ; nous nous efforçons de la contenter en donnant toutes celles qui sont disponibles. A minuit, changement de l'heure ; reprise de l'heure normale.

1ᵉʳ octobre. — Vœu de tous les Evêques de France à Notre-Dame-de-Lourdes, pour obtenir la Victoire.

Je rencontre Tirel à l'Hôpital ; il est retourné au feu depuis plus d'un mois, a fait l'attaque de Champagne et reçu la Croix de guerre. Je l'engage à se placer au milieu d'un groupe que M. Duvergier est en train de tirer, sur la terrasse.

2 octobre. — Je demande au major Houillon, pour les hommes consignés, le droit d'aller à la messe, le dimanche ; il y consent très volontiers.

On donne une fort gentille matinée, avec chants, monologues, et « pièce militaire. » Saupin, Dupuy de la Badonnière, Loubet, etc., s'y font remarquer, ainsi qu'un « jeune poilu » de la classe... 1930 !

4 octobre. — Envoi des plaques commémoratives offertes par la S. B. M. aux familles des soldats décédés dans ses hôpitaux. Ces plaques, vraiment artistiques, peuvent être posées sur les tombes ou conservées dans les familles de nos héros, au gré de celles-ci. Nous en recevons dix, pour nos dix défunts, et nous nous empressons de les envoyer aux intéressés.

5 octobre. — Arrivée de vingt-deux blessés venant de la Somme. M. Billardon me remet le livret de M. Bouvet, ainsi annoté : « S'est fait remarquer par des « qualités administratives de premier ordre. A organisé, « à l'entière satisfaction de tous, les services de l'H. A. « n° 9 et de l'H. A. n° 48 (de La Pierre-qui-Vire). Son « zèle dévoué ne s'est pas ralenti un seul instant, dans « les moments les plus difficiles ; a su se faire aimer et « respecter de tous. Son départ a été très vivement « regretté par le Comité, qui a fait l'impossible pour le « conserver. »   *Le vice-président,*
E. BILLARDON.

6 octobre — Encore un envoi d'Amérique, qui nous donne de l'ouvrage au vestiaire et à la lingerie.

Le soir, alerte pour un zeppelin allemand se dirigeant vers Sens, et peut-être vers Le Creusot. On éteint toutes les lumières et on ferme les volets.

9 octobre. — Départ de M. Pagnier, pour Paris. Il va faire des achats de vin, légumes secs, viande frigorifiée ; les perpétuelles arrivées et sorties de nos soldats rendent toutefois difficile l'emploi de cette dernière denrée, très bonne, mais qui doit être consommée rapidement.

10 octobre. — Départ du breton Pierre Saupin, pour lequel nous avons un réel attachement et qui le mérite. Il est bien remis maintenant et retournera au front, quoiqu'on n'aît pu extraire sa balle, comme celle d'Alcide Barbier.

11 octobre. — Départ de plusieurs convalescents.

12 octobre. — On nous envoie comme major de la place, le docteur Devoir, qui arrive de Villeneuve-sur-Yonne, avec rang de capitaine.

A dix-huit heures, l'abbé Ferrier vient nous annoncer son brusque départ pour le lendemain. Ce sera avec un vif regret que nous verrons partir ce pieux ecclésiastique qui s'occupait activement du bien des âmes.

14 octobre. — Nous assistons à la dernière Messe de l'abbé et lui faisons des adieux émus.

A l'Hôpital, on vient de recevoir un ordre d'évacuation presque générale pour quatorze heures. En effet, soixante-sept malades, dont beaucoup ne peuvent marcher, sont emmenés à la gare où ils sont rejoints par deux cents environ de l'H. C. 53. Sénéjoux, Knittel, Dupuy de la Badonnière, sont parmi les partants.

Florent vient à la cuisine dépecer la viande frigorifiée, dont nous sommes bien embarrassés, avec ce gros départ.

15 octobre. — M. Pagnier m'engage à demander M. Harmel, qui avait paru disposé récemment à prendre une occupation.

16 octobre. — Accident subit de notre brave Reine, atteinte d'une hernie étranglée ; elle reçoit les Sacrements et est transportée, avec précaution, à la Croix-Rouge, où nos trois majors l'opèrent avec succès. Je la veille, avec Mme Dicquemare.

18 octobre. — Mlle H. Cauyette veut bien nous faire, à la cuisine, des confitures de courge qu'elle réussit toujours fort bien.

Reine continue à être en bonne voie de guérison.

Je rencontre M. et Mme Dardaillon, tout bouleversés par la triste nouvelle de la mort du lieutenant Antoine Morio, tombé au front, le 12 courant. Excellent sujet, et officier d'élite, sa perte se fera cruellement sentir au pauvre père, déjà très éprouvé.

17 octobre. — Arrivée de M. Léopold Harmel, qui accepte de remplacer, au bureau, l'abbé Ferrier ; il vient déjeuner à la maison et je lui fais visiter l'Hôpital.

M. Quétand nous annonce qu'il a été demandé comme interprète à l'hôpital mixte d'Orléans, par le docteur Ricardo, affecté à cet hôpital, et qui ne parle que l'espagnol, langue que M. Quétand connaît à fond.

23 octobre. — M. Harmel, qui était retourné chercher ses bagages à La Pierre-qui-Vire, entre définitivement à la Croix-Rouge.

26 octobre. — Je veille Peltier et Denieul qui doit être amputé, demain, de la jambe droite.

27 octobre. — Très bonne opération ; Denieul éprouve un grand soulagement.

28 octobre. — Je veille Reine et les deux opérés.

31 octobre. — Arrivée inopinée de Mme Thil, qui n'a pu venir aux obsèques de son mari, et vient d'obtenir un billet pour visiter au moins sa tombe. Elle paraît une très digne mère de famille.

1er novembre. — Arrivée du colonel Arthaut, à 15 heures 43.

2 novembre. — Les deux clergés se rendent comme d'ordinaire au cimetière. Mme Thil reprend le train, après avoir visité le cimetière et l'Hôpital.

3 novembre. — Déplorable inspection du sous-chef Dejouanny, qui blâme et critique tout à notre Hôpital... surtout la présence du Crucifix à la salle d'opérations. Il voudrait que l'on mît l'autoclave et la désinfection au premier étage.

5 novembre. — Mme Tuloup vient s'offrir pour remplacer Reine à la cuisine ; son mari, qui a perdu les deux yeux et un bras à la guerre, a été rééduqué par la Société « Les Amis des Aveugles » qui l'a, en outre, pourvu d'un bon mobilier.

9 novembre. — M. Quétand, qui est en permission, nous fait un intéressant récit sur le sanatorium de tuberculeux que M. Bouvet dirige, à Auteuil, et qu'il a visité.

11 novembre. — Emma Brunet entre comme cuisinière. Le soir, je rencontre Mme Lermuzeaux en larmes qui m'annonce le départ imminent de son mari.

M. Pagnier paraît tout triste et découragé.

On annonce la mort du marquis de Vogüé, président général de la Croix-Rouge, belle et noble figure qui savait inspirer le respect à tous, aussi bien à l'étranger que dans sa patrie.

13 novembre. — M. Vernet, successeur de Lermuzeaux, est déjà arrivé. Il me déclare avec une grande franchise qu'il n'a pas du tout l'intention de faire tout ce que faisait M. Lermuzeaux à l'Hôpital, qu'il s'en tiendra à sa pharmacie... et c'est tout. Je lui réponds que nous n'avons jamais espéré cela, l'activité et le dévouement de M. Lermuzeaux étant plutôt rares ; mais que je faisais des vœux pour qu'ils nous restent tous deux, afin que notre ancien pharmacien soit un peu soulagé dans son travail.

14 novembre. — Service, à Saint-Lazare, pour le vaillant lieutenant Antoine Morio. A Paris, ont lieu les obsèques de M. le marquis de Vogüé.

17 novembre. — M. et Mme Lermuzeaux nous font leurs adieux, le mari étant appelé à Orléans. Nous les regrettons bien vivement tous deux.

22 novembre. — Je donne les douches avec M. Vernet, pour lui faire connaître l'aménagement de la salle de bains. Il se loue beaucoup de Mlle Lepoix, qui continue à s'occuper de l'autoclave et ne craint pas de mettre la main aux nettoyages et rangements.

23 novembre. — Les élèves de Mlles Droit, fidèles à leur généreuse tradition, offrent une agréable « Sainte-Catherine » à nos Poilus ; Naudot, qui est amputé d'une jambe et qui ne manque ni d'esprit, ni de littérature, compose un compliment pour exprimer la reconnaissance de tous.

24 novembre. — Je reçois mon petit-neveu, Henri Arthaut. Nous faisons une bonne causette, à l'Hôpital. avec M. Harmel qui est tout heureux d'apprendre que mon mari avait passé cinq ans à Reims, au début de sa carrière de magistrat, et qu'il avait un véritable culte pour la splendide Cathédrale, martyre en ce moment de la barbarie allemande.

Le bon commandant Albert m'a annoncé la triste nouvelle de la mort de sa sœur, si bonne et si délicate. dont j'avais fait la connaissance à l'Hôpital ; depuis. nous avions correspondu à bien des reprises.

Mme Laffrat, mère de notre si regretté lieutenant est. dit-on, au nombre des otages saisis à Douai par les Boches et emmenés en Allemagne. Quelle cruauté inutile !

28 novembre. — Messe annuelle pour les soldats défunts. Elle est dite à Saint-Lazare. Le R. P. Garnier. supérieur général des Pères de Saint-Edme (de Pontigny), veut bien y prendre la parole ; la quête est faite par Mme Carré et Mlle Baudot.

M. l'abbé Malaquin, en l'absence de M. l'administrateur, reçoit un général inspecteur qui se montre très bienveillant et visite l'Hôpital, dont il loue grandement l'organisation et la bonne tenue.

1ᵉʳ décembre (PREMIER VENDREDI DU MOIS). — Nous renouvelons la Consécration au Sacré-Cœur, dans le bureau, avec M. Harmel.

2 décembre. — Brusque départ du docteur Houillon, rappelé la veille à Auxerre pour remplacer le docteur Huguet, inspecteur, qui est tombé malade.

Nous n'avons eu qu'à nous louer des excellents procédés du docteur Houillon, ainsi que de son habileté comme chirurgien.

3 décembre. — Comme on doit remettre la Croix de la Légion d'honneur au lieutenant Simion, salle 17, cette salle a été ornée par les soins de l'abbé Malaquin, avec des faisceaux de drapeaux surmontés de celui du Sacré-Cœur.

Toutes les autorités, maire, sous-préfet, etc., arrivent dans l'après-midi et le major Devoir remet la Croix au courageux lieutenant, au milieu des félicitations générales ; puis la famille offre un goûter et le champagne aux blessés.

4 décembre. — Ce matin, le bruit court dans tout Avallon que notre Hôpital *est fermé* — que M. Billardon en a été avisé par une lettre de M. de Kéroman. Je vais au bureau, où ces messieurs ne savent rien de cela et paraissent en rire.

5 décembre. — M. Pagnier est de retour et ne comprend rien à ces racontars. Il a reçu un avis officiel de la fermeture de l'H. A. nᵒ 48 (La Pierre-qui-Vire), parce que le Ministère ne conserve plus d'hôpitaux de convalescents. Je lui suggère la pensée qu'on aurait pu faire confusion à la délégation et croire qu'il s'agissait de l'H. A. nᵒ 9. « Cela n'est pas impossible, dit-il, en tout cas, j'irai moi-même à Orléans pour éclaircir la chose. » En attendant nous tâchons de calmer l'opinion publique, tandis que je cherche de l'espérance auprès de la bonne Mme Lamarre.

6 décembre. — Les élèves de Mlle Houdin apportent une jolie « Saint-Nicolas » à nos hommes.

8 décembre. — Départ de M. Pagnier pour Orléans. Vers deux heures, il télégraphie qu'il y a eu, en effet, confusion et qu'il n'a jamais été question de fermer l'H. A. n° 9. Joie générale dans tout l'Hôpital et actions de grâces au Sacré-Cœur.

Mme de Duras-Chastellux avait reçu la même réponse du Conseil Central, où elle avait été s'informer auprès de ces messieurs.

13 décembre. — Messe demandée à Notre-Dame d'Obézine (Angoulème), pour la délivrance de nos chères prisonnières de Douai, dont nous sommes sans nouvelles directes depuis vingt-neuf mois.

Ces jours-ci, j'ai reçu une lettre aussi affectueuse que consolante d'Anne-Marie Abiven, la sœur de notre cher breton. « Consolez-vous, me dit-elle, j'ai beaucoup prié ma Patronne, qui est aussi celle de votre nièce de Douai. J'ai la confiance que vous aurez prochainement des nouvelles rassurantes. »

Nous ne savons plus de quel côté les espérer !...

15 décembre. — Départ de Dabonneville (d'Amiens), et de Peltier (d'Angers), pour Auxerre, où le docteur Houillon les a réclamés.

16 décembre. — Mort du docteur Breuillard qui avait témoigné beaucoup de bonté aux malades de notre Hôpital, et qui a certainement avancé ses jours par le travail dont il a été surchargé, en ville, après le départ de tous ses collègues.

Le même jour, on nous apprend que Mme Dicquemare s'est cassé le poignet gauche, dans une chute ; je cours la voir et lui témoigner ma sympathie ; nous serons privés, pendant un certain temps, du concours charitable et si fidèle qu'elle nous donnait pour les veilles de nuit.

Le bruit court de plus en plus, en ville, de la prochaine fermeture de notre Hôpital et de la rentrée du principal dans les locaux du collège.

18 décembre (Fête de l'Expectation de l'Enfantement de la Bonne Vierge Marie). — Célébrée... surtout en Espagne, par les femmes enceintes.

Tandis que j'étais à l'ouvroir, rue Bocquillot, on me remet, coup sur coup, deux dépêches de ma nièce, Mme Arthaut, m'annonçant qu'elle est à Thonon, avec sa fillette. J'en éprouve un tel saisissement, malgré ma joie, que j'en reste tremblante et bouleversée. Après avoir remercié du fond du cœur Notre-Seigneur et sa Sainte Mère, je me hâte vers le télégraphe pour informer de ce bonheur inattendu le pauvre colonel, toujours dans l'angoisse, et d'autre part pour indiquer à la voyageuse que son mari se trouve à Nîmes.

Le soir, on nous annonce une arrivée de blessés et l'on en amène trente-neuf, la plupart de Troyes, quelques-uns de Verdun.

19 décembre. — Journée d'attente... Pas de nouvelles de Thonon. En revanche, une dépêche du colonel, qui se croise avec la mienne, m'informant qu'il a appris de son côté — presque miraculeusement --- la délivrance de sa femme et de sa fille.

23 & 24 décembre. — Lettres de Nîmes, me narrant la rencontre si émotionnante des époux, à Avignon; la douleur de la pauvre mère lorsqu'elle a compris qu'un de ses fils manquait, et que le colonel a dû lui apprendre la fin glorieuse de notre cher Laurent.

Marie-Louise est fatiguée de ce terrible voyage de treize jours, au milieu des exigences et des duretés teutonnes; elle s'est évanouie à l'arrivée à Genève, et sa mère a dû la laisser aux soins des messieurs de la Croix-Rouge qui l'emportaient sur un brancard, tandis qu'elle même attendait, à la consigne, leur maigre bagage. Depuis longtemps, du reste, les privations avaient affaibli la pauvre petite; on n'avait plus ni viande, ni vin, ni lait, ni œufs... seulement du riz quatre fois par jour et des légumes verts.

Mais quelle a été leur consolation à l'accueil si fraternel des Suisses, à Genève, et leurs transports, à la frontière, lorsqu'elles ont aperçu les uniformes français et le Drapeau tricolore! Ce sont des émotions qui ne peuvent se décrire!...

André arrive; n'ayant que deux jours de congé, il ne peut aller à Nîmes et vient passer Noël avec moi. Nous allons à la Messe de Minuit et invitons le bon M. Harmel à un très modeste réveillon.

25 décembre (NOËL). — Le goûter est offert, à l'Hôpital, par les élèves de la pension Droit. M. Varret veut bien nous déclamer de fort belles pièces de vers, et y ajoute quelques chansons comiques, très goûtées des Poilus.

29 décembre. — M. Vernet va, paraît-il, quitter l'Hôpital, ainsi que notre brave Reine.

Nous faisons de grands préparatifs pour une matinée récréative, organisée pour le 2 janvier. Je vais m'assurer, près de M. Lebeau, de son concours gracieux.

31 décembre. — L'année se termine par une nouvelle alerte. Une circulaire enjoint aux gestionnaires de réunir tous les blessés et malades — peu nombreux en ce moment — dans un seul hôpital, afin de diminuer les frais d'éclairage, chauffage etc... Il est bien certain que tous ceux d'Avallon seront transférés à l'H. C. n° 53 et que le nôtre se trouvera « en sommeil » (1), ce qui accréditera les bruits de fermeture et provoquera des réclamations plus instantes du principal.

Que pouvons-nous faire, sinon nous abandonner à la Providence ?

Revue de l'année 1916.

Cette année a été fertile en épreuves et émotions de toutes sortes, au dedans comme au dehors de l'Hôpital.

L'avenir paraît gros d'orages, mais Dieu ne veille-t-il pas sur la France... et sur notre petit Hôpital, qu'Il a si bien protégé jusqu'ici ?

Le fonctionnement s'en fait toujours fort bien, en dépit de nombreuses mutations dans le personnel, et des menaces constantes d'expulsion.

Les dons en espèces n'ont pas tari ; en revanche, ceux en nature ont fortement diminué, pour la bonne raison que la récolte a été peu abondante en légumes et absolument nulle en fruits.

Depuis plusieurs mois, nous achetons des pommes de terre ; l'on a fait des confitures avec de la rhubarbe, de la gourde, des mûres, et tout ce que l'on a pu trouver pour remplacer les fruits.

---

(1) Expression indiquant qu'il n'y a pas de malades dans un hôpital, quoiqu'il ne soit pas fermé.

De nouvelles -infirmières ont surgi, alors que les anciennes étaient obligées de se retirer, mais plusieurs aussi sont restées constamment au poste : Mlle Baudot, en tête, que rien ne fatigue ni ne rebute ; Mlle Bachelin, qui n'a jamais sollicité de repos, malgré son apparence fragile ; Mlle Germaine Barbier, toute mignonne, mais fort résistante aussi et toujours prête à rendre service en toute occasion ; Mlles Kwiatkowska, très fidèles depuis leur admission — l'une à la « dépense », 1,autre à la salle 17 — et fournissant un travail consciencieux... Mais, il faudrait les nommer toutes...

Nous n'avons pas manqué, heureusement, de docteurs, voire même de chirurgiens, et le nombre des interventions chirurgicales faites à notre salle d'opérations devient imposant.

M. Harmel, outre le travail qu'il fait au bureau, y apporte une remarquable note de gaité par son esprit et son entrain. Il taquine gentiment M. Jacob et les infirmières qui viennent au bureau, raconte mille traits plaisants et quand on a bien ri, s'écrie : « Il faut bien que les enfants s'amusent... » — ou encore : « Nous sommes dans la classe enfantine ! » faisant allusion à l'usage de cette pièce au temps du collège.

En revanche, il nous édifie fort à l'église. Toujours levé de bonne heure, malgré son grand âge, il entend chaque matin autant de messes qu'il le peut avant l'heure de son bureau et ne manque jamais son Chemin de Croix quotidien.

L'excellent abbé Malaquin se multiplie et abuse même de ses forces, au point de nous donner des inquiétudes pour sa santé ; mais lorsque M. l'administrateur, qui l'apprécie grandement, l'oblige à prendre un congé pour se reposer, le bon abbé s'empresse de le passer à Etivey : là, ses paroissiens l'assiègent, et il trouve moyen avec les catéchismes, confessions, visites aux malades... de se fatiguer un peu plus qu'à l'Hôpital.

Que le Sacré-Cœur bénisse notre établissement tant qu'Il lui plaira que nous l'occupions et permette, lorsque nous devrons le quitter, que les enfants y reçoivent toujours un enseignement et des exemples conformes à l'esprit chrétien.

1ᵉʳ janvier 1917. — Des visites assez nombreuses m'ont empêchée d'aller tantôt à l'Hôpital.

2 janvier. — Notre séance récréative a été des mieux réussies. D'artistiques programmes avaient été composés par Laclayat qui débita, avec humour, le monologue *Le Hareng saur ;* Laporterie, avec un naturel parfait, nous donna le très amusant *Mon Loyer court ;* le lieutenant R. Valery-Radot déclama avec sentiment *Élégie d'Argonne,* tandis que son fils aîné — poilu de la classe 1930 — récitait des petites pièces comiques. Il y eut des chants, des chœurs et deux pièces de comédie où nombre de nos soldats se signalèrent.

6 janvier (ÉPIPHANIE). M. Félix Harmel, mobilisé, vient visiter son père ; j'ai le plaisir de les recevoir tous deux à déjeuner.

7 janvier. — Mme Frizon et moi tenons compagnie à Randal, isolé dans la salle 20, pour une affection plus désagréable que grave.

8 janvier. — Randal prend le bain obligatoire avec les soins de notre infirmière-major.

On envoie, de Chastellux, un joli chevreuil à l'Hôpital.

9 janvier. — Nous attendons l'aide-major, docteur Lornes, de Sens d'une des familles les plus estimées de la ville, ce qui nous réjouit fort.

11 janvier. — Mme Corbel qui, à diverses reprises, a charmé nos soldats par d'artistiques déclamations, vient au bureau nous annoncer la mort de son fils unique, André, tombé glorieusement à l'ennemi ; il était sa constante préoccupation et elle lui dédiait la plupart de ses poésies.

Nous nous associons du fond du cœur à la douleur des pauvres parents.

12 janvier. — L'inspecteur Dejouanny revient à l'Hôpital ; il se montre beaucoup plus courtois que la première fois, mais insiste toujours pour le déplacement de l'autoclave. M. Pagnier pense qu'il faut le satisfaire, quelqu'inutile que soit cette dépense, afin de ne pas donner de prétexte contre nous.

Il me montre aussi une lettre de M. de Kéroman, disant : « Qu'est-ce que vous devenez ?... Votre hôpital

» est-il ouvert, oui ou non ? Ici, il est marqué de la note
» " en sommeil », de sorte que j'ai reclamé, au Service
de Santé, l'indemnité due en pareil cas ».

C'est à n'y rien comprendre !

Randal prend son dernier bain et rentre à la salle 18.
C'est un homme du peuple, bien élevé et chrétien : il
nous dit être d'un petit pays d'Auvergne où tous remplis-
sent leurs devoirs religieux.

14 janvier. — Nous apprenons que l'inspecteur
Dejouanny vient de recevoir son cinquième galon.

Mme Lermuzeaux conçoit quelque espoir de voir son
mari renvoyé à notre Hôpital, ce qui ferait joliment notre
affaire.

Au bureau, je m'amuse à faire monter le bon M. Harmel en lançant quelques critiques à l'adresse de son héros,
Louis Veuillot, que je blâme de s'être mêlé parfois de ce
qui ne le regardait pas : M. Harmel le défend chaleureusement et débite avec enthousiasme l'épitaphe, composée
par lui-même, du grand écrivain catholique.

15 janvier. — M. Harmel arrive le soir m'annoncer
une nouvelle invraisemblable.

C'est l'H. C. n° 53 qui va être mis « en sommeil » :
on conduira les malades à l'hospice civil et les blessés
nous seront amenés !!... Nous ne pouvons en croire nos
oreilles et bénissons le Sacré-Cœur de Jésus d'avoir si
bien protégé notre Hôpital.

16 janvier. — Animation dans tout l'Hôpital, où l'on
connait la bonne nouvelle, et où l'on attend prochainement les futurs hospitalisés.

17 janvier. — Arrivée des blessés de l'H. C. 53, au
nombre de vingt et un : ils ont traversé la ville au milieu
de l'ébahissement général. Je retrouve, à la salle 9,
Maurice Brice, ancien domestique de Mme F. de la
Brosse, et gendre de Virginet.

Le secrétaire du 53, Godchaux, m'apprend que leurs
bureaux et leur personnel sont transférés à Jeanne d'Arc,
et s'offre très aimablement à travailler, avec ces messieurs dans notre bureau.

18 janvier. — Le sergent Wegler, originaire d'Algérie, est installé à la salle 20 et commence une série de
bains ; nous causons beaucoup de l'Algérie et du Maroc.

20 janvier. — Quétand vient en permission de sept jours. Il porte le caducée, son major de l'hôpital mixte d'Orléans ayant insisté pour lui faire suivre les cours d'infirmiers.

21 janvier. — M. Pagnier m'annonce que M. Lermuzeaux a reçu les galons d'adjudant, et va être renvoyé à l'H. A. n° 9.

23 janvier. — Notre cher pharmacien nous revient en effet, et M. Vernet retourne à Héricy, ce qui l'arrange très bien.

Départ de Naudot pour Neuilly-sur-Marne, où l'on doit lui mettre une jambe articulée.

27 janvier. — Départ de l'amputé Denieul et du sergent Cadoux, de Sauvigny-en-Terre-Plaine.

2 février. — Belle cérémonie, à l'église, pour la Purification.

Anniversaire de l'Intronisation du Sacré-Cœur ; M. l'archiprêtre, qui se trouve au bureau, lit lui-même l'acte de Consécration et y joint une prière « pour les absents qui se sont dévoués ici ».

La situation extérieure paraît grave ; une circulaire ministérielle enjoint à tous les hôpitaux de se tenir prêts à recevoir le maximum de blessés.

5 février. — M. Pagnier rentre d'un voyage à Paris. Il me prie de me charger du vestiaire, et de donner les vêtements des malades aux infirmières, contre un billet signé de Mlle Baudot.

7 février. — Je vais voir la nouvelle installation de l'autoclave à la salle 7.

Nous rangeons, avec Mme Baudot, le contenu de deux caisses envoyées par la Croix-Rouge canadienne.

8 février. — Départ de six convalescents, dont le sergent Wegler. L'usine à gaz, qui avait dû fermer faute de charbon, recommence à fonctionner. Le froid est intense depuis le début du mois, et a atteint jusqu'à vingt degrés.

12 février. — Arrivée du lieutenant Luc, gendre de M. le maire, hospitalisé à la chambre 20.

15 février. — La température s'adoucit sensiblement.

17 février. — Dégel complet ; cependant, l'eau des conduites ne revient pas encore, ce qui cause de grands ennuis.

20 février. (MARDI-GRAS). — Départ de convalescents dont Randal, du Puy-de-Dôme.

A vingt heures et demie, on annonce une importante arrivée de blessés. Combien ces nuits d'attente sont impressionnantes et pittoresques à la fois ! Ces messieurs veillent au bureau, généralement renforcés par M. Gally, qui ne craint pas de s'infliger un travail supplémentaire pour hâter le classement des arrivants ; toutes les infirmières sont à la pharmacie, préparant des pansements d'ouate, devisant aussi ; Mmes Lermuzeaux, Henri Chanut sont de la partie ; M. Lermuzeaux offre parfois une tasse de son « *mathé* » qu'il préconise comme ayant les avantages du véritable thé, sans en avoir les inconvénients.

Parfois, lorsque c'est jour de jeûne (comme cette nuit), je fais de la théologie, assurant les infirmières qu'elles en sont doublement dispensées, et par leurs fonctions, et par les fatigues d'une grosse arrivée... mais, je me heurte au zèle intransigeant de ces trop courageuses personnes, aussi sévères pour elles-mêmes que tendres et indulgentes pour leurs malades.

A minuit et demie seulement, on nous amène quatre-vingt-trois évacués de Troyes, dont vingt sur brancards. Plusieurs, en piteux état, ont été tamponnés par un train.

Deux salles sont occupées à l'Annexe, Mme Carré s'y installe avec moi. Le jeune Morin, lyonnais, nous donne quelques inquiétudes par un violent accès de fièvre.

22 février. — On commence à doucher les nombreux arrivants, heureusement que l'appareil à gaz, brisé par la gelée, venait d'être réparé par Boidot ; ces dames de la lingerie ont fort à faire pour numéroter tant d'effets !

23 février. — On continue les douches. Pierre Lorcy, brave breton, épargné par les obus, est resté vingt-cinq minutes sous un wagon, dans le tamponnement susdit et, il s'est évanoui sous cette pression formidable dont on a pu le tirer à temps ; il a le dos et les côtes en capilotade et les yeux injectés de sang. On le soigne par des frictions et des bains de pieds quotidiens.

24 février. — Mort presque subite de l'abbé Carpy, saint prêtre de Poitiers mobilisé, à l'H. C. n° 53. Le major Devoir, averti alors que le malade était à l'agonie, a eu la bonne pensée de faire prévenir l'abbé Malaquin. Celui-ci, grâce à sa bicyclette, est arrivé à temps pour administrer son respectable confrère et luî conférer cette suprême consolation que l'Eglise, seule, peut donner.

26 février. — Obsèques de l'abbé Carpy à deux heures au 53. J'y vois sa mère et sa sœur, qui n'ont même pas eu le temps de se procurer des vêtements de deuil et qui vont emmener leur cher défunt à Poitiers.

Morin va mieux et se met sur une chaise longue.

28 février. — Entrée du lieutenant Pierre Cauyette, qui s'est trouvé souffrant pendant sa permission et est hospitalisé, à la salle 20, avec le lieutenant Luc.

2 mars. — Inspection du major Lobrie. Nous l'attendons, avec Mme Carré, à l'Annexe. Nos hommes jouent aux dames, aux cartes, ou se font mutuellement des devinettes. Quelques-uns sont à la fenêtre, car il fait beau temps.

Mme Jullian, qui est dans le jardin du bas, prétend que ces soldats se sont moqués d'elle et ont fait des signes en la désignant. Elle envoie chercher son mari, qui va porter plainte à l'administrateur. Celui-ci interroge nos hommes, qui nient le fait, assurant qu'ils riaient entre eux sans avoir même remarqué la présence de cette dame.

5 mars. — On annonce la nomination de M. Jaquot comme inspecteur des forêts, à Orléans, où M. et Mme Jaquot ont leur famille et leurs propriétés.

Ce départ me privera de la collaboration de sa charmante femme, à la salle de bains.

7 mars. — Le lieutenant Luc, qui est fort lettré, a préparé une conférence sur la guerre ; nous invitons tous ceux qui le peuvent à réciter des monologues ou a chanter des chansons, pour égayer cette réunion.

Mme Morin vient de Lyon pour voir son fils qui, sans être plus malade, ne se remet pas non plus et est, paraît-il, d'une santé délicate.

9 mars. — On nous amène, à vingt-trois heures, quarante-huit blessés venant de Vitay-le-François et des environs. Cette arrivée nous force à remettre la matinée projetée.

11 mars. — M. Pagnier se trouve dans l'embarras avec son personnel, l'abbé Malaquin paraît tout à fait à bout de forces, sans vouloir en convenir ; MM. Harmel et Jacob sont fatigués ; la cuisinière, Emma Brunet, ne veut plus du tout rester... et cela devient de plus en plus difficile de trouver de l'aide.

Au théâtre, on donne une représentation cinématographique fort intéressante sur les événements de Belgique et différentes scènes de la guerre ; une conférence faite par un Belge accompagne et explique la représentation. J'y conduit les jeunes Quétand.

M. Pagnier est inquiet de la santé de l'abbé Malaquin, qui aurait besoin d'un repos complet. Il compte faire des démarches pour réobtenir Quétand qui a été maintenu dans les services auxiliaires.

Emma Brunet nous quitte brusquement.

16 mars. — Arrivée du colonel Arthaut, avec sa femme et sa fille.

17 mars. — Journée pleine d'émotions. Mme Arthaut me conte en détail la mort si édifiante de son cher Marcel ; je lui montre les trop courtes cartes de Laurent et sa dernière lettre, plus longue, où il prétend que ce qu'ils font est « un jeu sans danger, comme les couleurs qu'on donne aux enfants » alors que ce jeu héroïque l'emportait quatre jours après.

Malgré ses impressions, Mme Arthaut toujours oublieuse d'elle-même, consent à assister à notre matinée, pour entendre la conférence savante du lieutenant Luc. Le brave Darguesse, de l'Annexe, y ajoute une note plus gaie en débitant le monologue *Mon parapluie*, avec l'aide du fameux parapluie en soie rouge que nous gardons dans les archives de famille et qui date de près de cent ans.

19 mars. — Renée Petit, de Magny, se présente comme cuisinière.

20 mars. — Grande évacuation de soixante-dix-neuf blessés, dont Félix Morin et Richard, de l'Annexe ; et Binoche, de la salle 11, cousin de Mme Delétang.

26 mars. — Présentation de tous les étendards des nations alliées, au Sacré-Cœur, à Paray-le-Monial.

Je cesse mon service à l'Annexe, Lorcy étant à peu près remis.

28 mars. — Les départs de convalescents s'échelonnent. On annonce de grosses arrivées du front.

30 mars. — Départ du lieutenant Simon pour les Quinze-Vingts.

31 mars. — Départ de onze convalescents, dont Lorey, Darguesse, Rémy.

Les deux lieutenants font très bon ménage dans la salle 20. Le lieutenant Luc, instruit, disert, aimant les discussions courtoises ; le lieutenant Cauyette, ami des lettres, cultivant l'anglais, ayant un accueil des plus gracieux pour tous ceux qui l'abordent.

M. Cautain veut bien se charger d'une expédition de vêtements demandés par le frère de M. Bouvet, pour les pauvres gens de Noyon, où nos troupes sont enfin rentrées ; c'est le lieutenant Henri Durand, d'Avallon, magistrat mobilisé, qui y est entré le premier.

8 avril (PAQUES). — Le temps est glacial et triste. Nous faisons un bridge, à la salle 20, avec Jacques Cauyette, frère du lieutenant et les deux occupants.

11 avril. — Je rends visite à M. et Mme Havet, accablés de douleur par la perte de leur fils unique, le lieutenant Havet ; aviateur distingué, il venait d'être décoré de la Légion d'honneur, lorsqu'il a péri dans un combat. Je vois aussi M. Dardaillon, retenu sur son lit par une phlébite assez sérieuse ; je le trouve entouré des portraits de tous les chers Poilus, dont il a été le père et la providence, depuis le début de la guerre.

12 avril. — M. Pagnier me raconte la troisième visite de Dejouanny, qui s'est montré enchanté des transformations faites à la salle d'opérations et à la désinfection ; il a assuré que notre Hôpital ne serait jamais fermé pendant la guerre, quelles que soient les réclamations de l'Instruction publique pour reprendre le collège : nous savons ce que valent ces promesses-là !...

13 avril. — M. Pagnier m'annonce que Quétand vient d'être nommé à l'H. A. n° 9, ayant le droit, comme père de quatre enfants, d'être rapproché de sa famille ; ni lui, ni sa femme, par conséquent, n'en sont encore informés.

Le major Lornes est retourné au front et on ne lui a pas donné de successeur.

14 avril. — On annonce une soixantaine de blessés, mais en réalité il en arrive vingt-trois des environs de Reims, presque tous sur brancards.

On les nettoie à la salle de douches.

15 avril. — Je visite nos nouveaux arrivés et fais connaissance d'un jeune aviateur, Maurice Bossu, fils du procureur de Douai, qui a été condisciple d'André, au collège. Je le mets en relations avec Pierre Cauyette, afin de lui procurer une compagnie agréable.

16 avril. — M. l'abbé Ferrier nous écrit qu'il est renvoyé au front, quoique dans un état de santé peu satisfaisant.

La neige tombe toute la nuit en telle abondance, qu'elle fait casser plusieurs arbres sur la route de Sauvigny.

Arrivée inopinée de M. Quétand, à vingt-trois heures.

17 avril. — Il commence son service de suite, car on annonce une arrivée pour huit heures. Mais à quinze heures et demie seulement, nous recevons cinquante-trois blessés fort atteints, arrivant du front de Champagne. On commence incontinent les douches.

19 avril. — A huit heures du matin, il nous arrive cinquante-deux nouveaux blessés de Reims et de l'Aisne.

L'Hôpital est au grand complet.

Nous donnons cinquante et une douches dans la matinée. Je reprends le service de l'Annexe avec Mme Carré, toujours obligeante et dévouée.

22 avril. — Visite de Maurice Bossu ; je lui montre une lettre de Mme Arthaut, pleine de détails sur sa famille de Douai, dont il est sans nouvelle depuis longtemps.

24 avril. — Le lieutenant Luc part en permission.

Le major Bourderon est délégué par le docteur Devoir comme médecin-chef de l'H. A. n° 9. Il fait la visite de l'Hôpital et voit chaque homme en particulier ; mais M. Pagnier n'est pas sans inquiétude, prétendant que ce n'est pas un chirurgien.

25 avril. — Je garde l'Annexe et fais faire à mes hommes un domino à quatre, pour chasser le « cafard. »

26 avril. — Soulèvement produit à l'Hôpital par une circulaire qui retire les permissions de sept jours aux petits blessés.

27 avril. — Nouvelle circulaire qui annule la précédente. L'agitation se calme. M. Duvergier prend des photographies à l'intérieur, salle 24 et salle 27. Au numéro 101, je vois Jagu, de Valenciennes, d'une famille de quatorze enfants. Il se rappelle parfaitement avoir entendu le colonel Arthaut, alors qu'ils étaient en Belgique, les exhorter à courir sus à l'ennemi, disant que lui-même avait à venger un fils tombé à Ypres.

29 avril. — Maurice Bossu vient déjeuner avec nous, il est tout content d'avoir appris que sa petite sœur Michette va être rapatriée, mais il est toujours sans nouvelles de son père.

2 mai. — Adieux très aimables du jeune Maurice Bossu, qui quitte l'Hôpital.

Je vais au 53 voir le brigadier Tucoulet, qui m'a été recommandé par le jeune capitaine Arthaut.

3 mai. — Départs successifs de convalescents. On ferme l'Annexe.

Adieux de l'adjudant Rasseneux, de Lille, et du sergent Nolle, de Tourcoing.

4 mai. — Lettre de M. de Valence, exprimant le désir de voir reconstituer le Comité de dames. Je lui réponds que la chose sera facile, s'il la confie à Mme la marquise de Duras-Chastellux.

7 mai. — Nous allons, dans la grande salle du Cercle catholique, voir déjeuner trois cents réfugiés de la Somme secourus par les soins d'un comité spécial ; ces pauvres gens paraissent surtout ravis de manger des pommes de terre.

8 mai. — Arrivée de quatre-vingts blessés de Champagne, quarante sont bien atteints et couchés sur brancard ; nous en douchons une douzaine et on installe les brancards le long des couloirs, à la pharmacie, et à l'Annexe. C'est là que nous les ravitaillons, car ils ont faim ; puis, à deux heures et demie, on reprend les douches. On nous redonne douze blessés à l'Annexe, dont Robin, l'ancien 104, qui reprend son lit.

9 mai. — Deux cents cinquante soldats anglais, sur quatre-vingt-treize camions automobiles, traversent Avallon, se rendant à Salonique ; ils stoppent sur les

Terreaux de Vauban, se promènent en ville et jouent de la fanfare, à la grande joie des curieux. Vers quatre heures et demie, soixante-deux camions Peugeot arrivent et stationnent aux Capucins, avec leurs conducteurs français ; la comparaison reste à l'avantage de nos compatriotes.

11 mai. — Adieux et départ de l'aimable lieutenant Cauyette. Je soigne à l'Annexe un strasbourgeois, Vaïs, qui souffre violemment des suites d'une piqûre antitétanique.

12 mai. — On enterre le jeune Roger Petit, enfant de chœur et élève préféré de l'abbé Ferrier. Ce cher enfant qui témoignait déjà d'une sérieuse vocation ecclésiastique, est mort subitement, sans souffrances, d'un accident au cœur.

13 mai. — Le colonel Arthaut vient d'apprendre qu'un de ses fils est blessé, sans savoir lequel, ni quelle est la gravité du cas.

16 mai. — Je reste sans nouvelles et suis fort inquiète.

18 mai. — Deux cartes du colonel m'apprennent qu'il s'agit d'André ; il aurait reçu diverses blessures, dont une si grave au pied droit qu'on aurait dû l'amputer. On lui a apporté — *sur son lit* — la Médaille militaire et la Croix de guerre, circonstance qui dénote un état de santé alarmant.

22 mai. — Evacuation de cinquante-sept blessés, dont une trentaine sont encore sur leurs brancards.

Mme Arthaut m'écrit qu'en réalité, André a été criblé de blessures (soixante-six éclats d'obus), opéré à plusieurs reprises, et est arrivé au Pecq, près Paris, dans un état fort grave. Grâce à Dieu, il a été descendu à l'hôpital auxiliaire n° 517, situé dans une belle propriété mise par Mme Agnellet à la disposition des Dames Françaises. Il est soigné avec un dévouement tout particulier par Mlle Cernovitz, infirmière.

Naissance du petit Paul Quétand.

24 mai. — M. Pagnier va à La Pierre-qui-Vire, pour reconnaître le matériel restant et faire rendre les objets prêtés.

25 mai. — Nouvelle veillée de nuit dans l'attente d'une arrivée. Vers deux heures du matin, nous en rece-

vons quatre-vingt-cinq ; M. Lermuzeaux décide de les
doucher tous avant de les mettre au lit ; nous en douchons soixante-treize.

26 mai. — A cinq heures du matin, je suis obligée de
quitter la salle de douches, à cause de la fatigue, et aussi
de la chaleur qui y règne.

27 mai (PENTECOTE). — Temps splendide. Mgr officie
pontificalemeut à Saint-Lazare.

Tous les hôpitaux sont consignés, à cause de la rou-
geole qui court en ville.

30 mai. — Lettre de Mme Arthaut me disant qu'André
va subir une nouvelle amputation à la jambe.

31 mai. — J'apprends la mort d'Armand Nicolas, fils
d'une de mes bonnes amies, décédé à Angers à la suite
de blessures, avant que sa pauvre mère ait pu le revoir.
Également la mort du jeune Étienne Mercier, à Lyon,
fils de M. et Mme Mercier, qui ont témoigné tant de bonté
au soldat Jules Girard, auquel nous nous intéressions.

1ᵉʳ juin. — Départs successifs de convalescents.
Arrivée de M. de Kergorlay, du Conseil Central. Il tient
une réunion, à deux heures, rue Bocquillot, pour reconstituer le Comité des dames ; Mme la marquise de Duras
Chastellux est nommée présidente.

2 juin. — Mme du Chêne, petite fille de Mme F. de
la Brosse, vient visiter l'Hôpital. Dans toutes les salles,
elle s'informe s'il n'y aurait pas un soldat du 124ᵉ de
ligne, régiment de son mari, tombé dès le début à l'ennemi.
Elle en trouve précisément un à l'Annexe, qui s'appelle
Leclerc, et a servi au front sous les ordres du capitaine
du Chêne ; il était même l'ami de son ordonnance ; cela
paraît être une petite consolation pour la chère jeune
veuve.

6 juin. — Départ de vingt convalescents. M. Pagnier,
fatigué et souffrant, partira demain pour Paris.

8 juin. — Arrivée d'Émile Perrin ; il se livre à la
pêche à la truite, sa passion favorite.

9 juin. — Le major lève la consigne des hôpitaux,
nos hommes sont à la joie de sortir demain.

10 juin (FÊTE-DIEU). — Nos hommes sont en très

grand nombre à la Messe ; ils vont en promenade le tantôt. Le lieutenant Cauyette me fait ses adieux, avant de repartir au front.

12 juin. — Retour de M. Pagnier. Il me dit combien il est difficile d'avoir des infirmiers. Une circulaire enjoint même d'occuper les blessés qui en sont capables, ce qui était si défendu au début.

Je lis la consolante brochure « Les Deux Règnes », de Joseph Serre, de Lyon.

13 juin. — Arrivée d'Anne-Marie Abiven, la sœur de notre cher breton, désireuse de connaître la tombe de son frère Yves ; elle est accompagnée de sa cousine Anne-Marie Senant. Je les reçois chez moi et nous sommes sous le charme de leur piété, de leur bonne éducation, et de leur gracieuse naïveté dans maintes choses courantes qu'elles n'ont jamais vues... notamment, elles n'ont jamais mangé de poisson ! (ce qui est un comble lorsqu'on habite le littoral de la mer) et ne veulent pas croire que cela puisse être bon.

14 juin. — Je vais à la Grand'Messe avec mes deux bretonnes, puis au cimetière où leur émotion éclate sur la tombe d'Yves toujours plus fleurie que les autres ; enfin, nous visitons l'Hôpital et la salle 18 où il est mort.

15 juin (FÊTE DU SACRÉ-CŒUR). — Journée d'ardentes prières.

16 juin. — Départ des bretonnes. M. Auger, gestionnaire du 53, vient nous annoncer le retour du docteur Lornes.

Pittoresque cueillette du tilleul, sur la grande terrase. M. Lermuzeaux le fait sécher avec un soin particulier, avant de le serrer dans de grands sacs. C'est qu'en effet, on en boit en permanence à l'Hôpital, soit chaud, soit froid, et notre pharmacien s'est fait une réputation pour cette boisson hygiénique qu'il réussit à merveille.

18 juin. — Réunion du nouveau Comité des Dames présidé par Mme la marquise de Duras-Chastellux, récemment arrivée.

On fait la revision des listes de quête. Mme H. Holleaux est nommée vice-présidente et l'on propose six nouveaux membres pour le comité : Mmes Raudot d'Orbigny, Carré, Henri Chanut, Collinet, Henriot et

Holleaux mère, qui sont accueillis avec joie ; Mme la présidente remet un don de cinq cents francs.

19 juin. — Je pars pour Le Pecq, voir mon cher amputé, que je trouve en bonne voie de guérison.

27 juin. — Je suis retournée à notre Hôpital, où M. Lermuzeaux avait reçu la triste nouvelle de la mort de ses parents, au Cateau… celle de sa mère, toute récente ; celle de son père, qui remontait en février, et lui avait été cachée.

1er juillet. — Nous apprenons qu'il y a eu délibération au conseil municipal pour rendre le collège à l'Instruction publique, et avis favorable. Nous nous procurons le texte de cette délibération où il est dit : « Attendu que l'hôpital de la Croix-Rouge n'est pas nécessaire, etc… »

7 juillet. — M. Pagnier me fait demander pendant le déjeuner et me dit simplement : c'est fait. Il me tend une communication signée Justin Godard, disant que les locaux occupés par l'H. A. n° 9 devant être très prochainement rendus à l'Instruction publique, il tient auparavent à remercier ceux et celles qui s'y sont dévoués au service des blessés. Nous allons à Lucy-le-Bois prévenir la marquise, et M. Pagnier prend ses instructions pour Paris, où il se rend directement.

10 juillet. — M. Pagnier rentre le soir et nous dit qu'il n'y a encore rien de fait officiellement, quoique la fermeture paraisse imminente.

11 juillet. — Après le déjeûner, M. Pagnier reçoit et nous communique la note officielle du Directeur du Service de Santé de la 5e région, signifiant la fermeture de l'H. A. n° 9. Il repart à Paris, tenter encore quelques démarches.

Dans la soirée, les majors Lornes et Bourderon nous préviennent qu'ils ont reçu l'ordre de transférer nos hommes au 53. Je leur réponds que nous allons télégraphier à M. l'administrateur, mais que nous ne pouvons rien faire en son absence ; ces messieurs répondent qu'il n'y a pas d'inconvénient à retarder de quelques jours, mais que le Service de Santé ne donnera plus aucune indemnité à partir de ce soir.

12 juillet. — Le sous-directeur de Service de Santé qui est à Avallon, entre comme par hasard à notre

Hôpital, demande s'il n'est pas fermé et visite toutes les salles. Je le rejoins à la salle 18 où je lui présente le plus chaleureusement possible le plaidoyer de notre Hôpital.

J'insiste sur le nombre de blessés que nous y avons soignés — 1.652 — et sur ce fait, que jamais nous n'avons été un seul jour, depuis le 3 septembre 1914, sans avoir des hommes.

Le sous-directeur me répond avec beaucoup de bienveillance et part en laissant quelques paroles d'espoir qu'il semble en même temps retenir.

14 juillet. — M. l'administrateur revient de Paris avec un peu d'espoir. Il serait facile, lui a-t-on assuré, de faire rapporter le décret de fermeture.

On fête le 14 Juillet en déjeunant sur la terrasse, avec les hommes. M. Harmel porte un toast délicat à la santé de M. l'administrateur dont c'est la fête ; celui-ci répond avec émotion.

On établit un concours de jeux et des prix sont distribués aux gagnants.

15 juillet. — Nos hommes se cotisent pour acheter une boîte de cigares et l'offrent à M. l'administrateur, avec une jolie lettre de remerciements rédigée par Normand et qui se termine par ce vœu « Que la Croix-Rouge ne disparaisse pas d'Avallon ! »

M. Auger, du 53, vient aussi nous exprimer ses regrets des événements actuels.

16 juillet. — M. Pagnier envoie les huit blessés qui nous restent à l'H. C. n° 53, pour obtempérer à l'ordre du Service de Santé.

Nos hommes nous font de touchants adieux sur la terrasse, plusieurs ont les larmes aux yeux ; quant à nous, notre émotion est profonde. Malgré notre chagrin, nous demeurons à l'Hôpital, tant pour attendre le résultat des suprêmes démarches qu'on tente en sa faveur que pour être prêts à tous les événements, qui sont plutôt menaçants sur le front et pourraient en amener la réouverture forcée.

17 juillet. — M. Lermuzeaux commence la désinfection de toutes les salles du collège avec la conscience qu'il apporte à toutes choses ; Mme Carré, Mme Lermuzeaux et moi, l'aidons pour celles de l'Annexe.

Nos anciens blessés viennent nous faire une visite très affectueuse ; le sergent Normand m'envoie même une lettre pleine de cœur.

18 juillet. — On commence à éprouver de sérieuses inquiétudes sur le sort du lieutenant Cauyette, dont on est sans nouvelles depuis son départ.

19 juillet — Tous nos hommes reviennent de nouveau et jouent au croquet sur la terrasse.

Visite de M. Jacob, père.

Mme E. Cauyette apprend par le dépôt de son fils, à Langres, qu'il est classé comme « disparu ».

21 juillet. — Lettre de M. de Kéroman, qui demande si notre Hôpital est fermé.

24 juillet. — Visite de nos chers blessés ; le sergent Normand me demande des livres anglais pour des soldats britanniques hospitalisés au 53.

25 juillet. — Visite de Mme de Duras-Chastellux qui a demandé des démarches à M. Flandin père, à Mme de Lubersac etc., et a mis en campagne toutes les influences favorables.

26 juillet. — M. Billardon a reçu une lettre de M. de Valence lui disant qu'il n'a, jusqu'ici, aucun avis officiel de notre fermeture.

Visite du sergent Normand, du sergent Berthet et de deux soldats anglais, hospitalisés au 53. Ils viennent à la maison causer et faire de la musique.

29 juillet. — Mlle Cauyette arrive en larmes nous annoncer la nouvelle officielle de la mort de son neveu, le lieutenant Pierre Cauyette. Le vaillant officier, à peine arrivé au Chemin des Dames, avait voulu marcher à l'ennemi. Son colonel lui avait en vain représenté qu'à peine convalescent, il ferait mieux d'attendre une autre occasion ; il répondit que sa compagnie devant marcher, il ne la laisserait pas partir sans lui, mais, hélas ! il n'était pas revenu, ayant été mis en pièces par un obus, le 25 dernier. Nous pleurons bien sincèrement ce cher enfant que j'avais vu naître et grandir avec mes petits-neveux.

31 juillet. — Messe à sept heures pour notre Hôpital ; les dames du Comité et les infirmières y assistent.

Mme Carré nous envoie des pommes de sa propriété de Lucy-le-Bois.

1ᵉʳ août. — M. Lermuzeaux reprend les désinfections qu'il avait dû suspendre, faute de formol ; il reçoit aussi avis de son affectation à Fontainebleau, mais M. Pagnier obtient un sursis pour qu'il puisse achever son utile besogne, que personne ne pourrait terminer sans lui.

2 août. — Journée lugubre ; la pluie tombe, serrée et glaciale.

3 août. — M. Bouché rédige une protestation contre la délibération du conseil municipal, qu'il déclare illégalement prise ; elle est signée de lui, de M. Corniau et de M. Billardon qui y ajoute une longue apostille.

4 août (Premier Vendredi du mois). — Nous récitons les Litanies du Sacré-Cœur, au bureau, en présence de M. l'administrateur, M. l'abbé Malaquin, MM. Harmel, Quétand ; Mlles Baudot, Goussard, Kwiatkowska et Bachelin.

5 août. — Départ de M. Lermuzeaux pour Fontainebleau, où il se trouve avec mon cousin, M. Lagrange pharmacien mobilisé, de L'Isle-sur-Serein.

8 août. — Lettre de Mme de Duras-Chastellux, qui nous demande de « tenir » encore à l'Hôpital, quoiqu'elle soit peu satisfaite du résultat de ses démarches.

9 août. — Départ du zouave Arranger, le dernier de nos soldats transférés au 53, qui vient nous faire ses adieux.

12 août. — M. Pagnier rentre de Paris ; aucune démarche ne semble avoir abouti. Le ministre, Steeg, et le sous-secrétaire d'Etat, Justin Godard, se relancent la balle, assurant chacun qu'il est tout disposé à conserver notre Hôpital... si l'autre y consent.

Le Président de la République est intervenu personnellement auprès du ministre, mais sans succès.

Au Conseil Central, on nous engage vivement à nous arrêter au soin des tuberculeux, et à chercher un local en conséquence.

13 août. — Nous allons, avec M. Pagnier, visiter dans ce but le « château » de Précy-le-Moult qui n'est qu'une ruine ; l'ancien château de Domecy-sur-le-Vault, hors d'état d'être utilisé ; la propriété de M. Ferrand, à Vassy, mais elle est louée.

14 août. — Nous reprenons nos courses à Sermizelles, à la propriété Bonnet, beaucoup trop petite et ayant des locataires ; à Saint-Moré, ancienne propriété du colonel Nailly, également habitée par de nouveaux propriétaires.

15 août (Assomption). — Nous allons à Lucy-le-Bois, voir un local appartenant à M. le curé, mais cet immeuble est trop exigü et surtout trop à l'intérieur du pays.

16 août. — Les dames de la lingerie commencent à empaqueter le linge.

17 août. — Nous visitons le château de Fresnes, en très bon état, mais trop petit pour un hôpital ; les dépendances sont superbes.

18 août. — Course à Quarré. Nous visitons Les Vermireaux, dont on a tant parlé !... Jamais je n'aurais pu me figurer des locaux si étroits et si insalubres, qui ne semblent vraiment pas faits pour loger des créatures humaines.

21 août. — Visite au château de Montjalin, superbe immeuble et vastes dépendances, mais qui ne sont nullement à louer.

23 août. — Réunion du Comité des dames, présidé par Mme Holleaux, en l'absence de Mme de Duras-Chastellux. Mme Rétif parle de la propriété nommée « La Cordelle », à L'Isle-sur-Serein, appartenant à sa belle-mère.

26 août. — M. Rétif a l'obligeance de nous y conduire lui-même, Mme de Duras-Chastellux, M. l'administrateur et moi ; nous trouvons une ancienne abbaye à l'aspect imposant, dans une situation unique et entourée de très vastes terrains. Cela nous paraît bien mieux que tout ce que nous avons vu jusqu'ici, et il nous semble qu'on pourrait y faire un bel hôpital, soit en réparant de fond en comble la grande bergerie, soit en construisant sur son emplacement.

27 août. — Enterrement de M. le comte Henri de Chastellux, à Lucy-le-Bois, où il est décédé. M. Pagnier s'y rend avec six infirmières en costume, et six dames du Comité.

M. Pagnier est tout disposé à s'occuper sérieusement de La Cordelle, ce qui nous fait le plus grand plaisir.

28 août. — On commence le déménagement de notre matériel dans les immenses greniers que M. F. Corniau a bien voulu mettre à notre disposition.

3 septembre. — Promenade aux Grandes-Châtelaines, avec Mmes Lermuzeaux, Carré, Mlles Bachelin, Poivret, etc., pour visiter les bâtiments de Mme Bernard, mais ils sont trop peu importants pour servir à l'établissement d'un hôpital.

6 septembre. — M. Lagrange, pharmacien de L'Isle, veut bien se charger de faire estimer par un expert le rendement de la fontaine Sainte-Claire, qui est au bas de La Cordelle, car il est inutile de rien entreprendre si l'on n'a pas vingt-cinq mètres cubes d'eau par jour.

7 septembre. — Sortie définitive du personnel de l'Hôpital; on déménage les chambres de l'administrateur, de M. Harmel, et l'on rapporte tous les drapeaux à la rue Bocquillot.

ÉPILOGUE

Essais d'hôpitaux pour tuberculeux. — M. de Valence ayant consenti à nous laisser M. Pagnier pendant quelque temps, celui-ci s'employa avec autant de zèle que d'intelligence au service de nos intérêts.

La fontaine Sainte-Claire, jaugée avec soin, donnant un rendement de vingt-sept à vingt-huit mètres cubes en vingt-quatre heures sans préjudice de l'eau de la citerne et de celle du puits, notre ancien administrateur poursuivit l'organisation projetée, non sans se heurter à des obstacles nombreux et sans cesse renaissants.

Il parvint, après bien des recherches infructueuses, à trouver un architecte qui fit de fort bons plans, et d'un entrepreneur qui se chargea des devis et de l'exécution des travaux.

De son côté, la famille de M. Rétif apportait la plus grande bonne volonté à seconder nos efforts... et pourtant, ce beau rêve dut s'évanouir devant une résistance opiniâtre de la municipalité de L'Isle, absolument cabrée contre ledit projet, et surtout devant le refus final du Conseil Central qui craignait de se trouver entraîné dans des dépenses bien supérieures à celles prévues par nos devis.

Ce fut un effondrement, et une désolation générale dans notre personnel !...

Une autre entreprise qui paraissait beaucoup plus aisée à mettre à exécution et bien moins dispendieuse eut, en fin de compte, le même sort.

Dispersion du personnel. — M. Pagnier nous quitta au printemps de 1918, laissant nos finances en excellent état, puisque nous conservions le titre de rentes que nous avions avant la guerre, tout en ayant pourvu à toutes les dépenses des trois dernières années avec nos ressources alimentées il est vrai de dons très nombreux, mais sans avoir jamais fait appel à la caisse du Conseil Central.

M. Harmel était parti le 19 octobre 1917, comme administrateur de l'hôpital S. B. M. de Sens, qu'il dirigea jusqu'à sa fermeture. Il put ensuite, grâce à Dieu, retrouver sa chère commune de Boulzicourt, dont il était le maire estimé ; mais dans quel état se trouvait-elle, après le séjour prolongé des ennemis !...

Il fut à même d'y déployer son énergie et son active charité.

M. Quétand fut employé à l'H. C. nᵒ 53 jusqu'à la fin des hostilités.

Mlle Baudot, demeurée à Avallon tant qu'elle eût espoir de s'y dévouer dans un hôpital de tuberculeux, partit au front, le 1ᵉʳ juin 1918, et fit campagne dans les hôpitaux de l'arrière et dans les *autos-chir* (Hôpitaux automobiles chirurgicaux), jusqu'à l'extinction complète des blessés ; les chirurgiens, appréciant ses rares talents, la conservèrent, en effet, jusqu'au dernier moment.

Deuils. — Des deuils bien douloureux nous atteignirent encore, à diverses reprises. Une des plus dévouées dames de notre Comité, Mme Honoré Barbier, perdait successivement en décembre 1917, deux de ses fils, Jean et Étienne tous deux aviateurs de mérite. Les obsèques eurent lieu à Avallon les 3 et 11 décembre au milieu d'une foule émue et sympathique, et leurs héroïques dépouilles reposent à Saint-Germain-des-Champs, près de leurs ancêtres. Ils étaient frères de notre aimable infirmière, Mlle Germaine Barbier.

Le 21 juillet 1918, nous perdions la chère et si courageuse Mme Noël Corniau. Elle avait eu la joie de revoir son cher André, dont la longue captivité lui avait causé de si cruelles angoisses.

Jamais nous n'oublierons ce qu'elle et sa famille ont fait pour la Croix-Rouge.

Enfin, le 18 septembre 1919, en moins de vingt-quatre heures, Mme Henri Holleaux était enlevée aux siens, venus auprès d'elle pour quelques jours de vacances.

Nous avons été témoins du dévouement avec lequel elle s'était intéressée à l'Hôpital, comme aux œuvres d'après - guerre, mais Dieu seul connaît avec quelle charité elle utilisait, auprès des malades pauvres, les connaissances qu'elle avait acquises comme infirmière !

Mon petit-neveu, le capitaine Henri Arthaut, le seul fils du colonel qui n'eût pas été atteint, fut gravement blessé le 7 juin 1918 et nous donna les plus sérieuses inquiétudes, pendant son séjour à l'hôpital S. B. M. d'Orléans ; on dut lui faire la résection des os du genou gauche et il resta ankylosé.

Foyer du soldat. — Le 26 août 1918, l'excellent abbé Parat vint m'entretenir de l'opportunité de créer un « Foyer du soldat », puisque nous avions des troupes en assez grand nombre, à Avallon et aux environs ; nous cherchâmes même un local et il provoqua quelques souscriptions.

Peu après, notre présidente, Mme la marquise de Duras-Chastellux nous pressa d'organiser cette œuvre que sa belle-sœur, Mme de Vaulgrenant, très expérimentée en la matière, s'occupait déjà d'établir à Lucy-le-Bois. M. l'archiprêtre voulut bien mettre à notre disposition la magnifique Salle des œuvres qu'il a organisée dans l'ancien « grenier à sel » d'Avallon, et le 23 septembre, nous ouvrions le « Foyer du soldat » qui, pendant dix mois (jusqu'au 8 août 1919), donna les meilleurs résultats.

Les soldats y venaient comme chez eux, les uns pour jouer, d'autres pour lire, d'aucuns pour travailler à ces petits ouvrages qu'ils étaient si fiers de rapporter à leurs femmes ou à leurs promises.

La musique ne fut pas délaissée ; nous eûmes de bons concerts, comme aussi de jolies représentations, si faciles du reste à donner sur le théâtre du Cercle catholique. Mais le plus ordinairement ce théâtre nous servait de buffet-restaurant pour les consommations qui, il faut bien l'avouer, composaient l'attrait principal du Foyer. On trouvait là, à très bon compte, du café, du chocolat, du thé ; le tilleul (recette de M. Lermuzeaux), eut un succès d'estime, mais qui dira celui de la pâtisserie!!... de tous ces excellents gâteaux, composés à l'envi par nos dames et demoiselles dont le talent n'était surpassé que par l'appétit de nos chers Poilus, insatiables de ces bonnes choses.

Le Foyer de Lucy-le-Bois avait été aussi fort goûté pendant les six ou sept semaines que les troupes y séjournèrent. Quant aux braves Malgaches, au nombre de mille quatre cent, au Vault-de-Lugny, ils eurent là et à Vermoiron, de véritables maisons de famille, grâce au dévouement de la famille Zévort. Mme et Mlle Madeleine Zévort pourvoyaient maternellement à leurs distractions et à leur correspondance, et M. Zévort ne dédaignait pas de se faire leur instituteur.

L'église de Vault-de-Lugny fut très fréquentée par ceux d'entre eux qui étaient catholiques, et leur exactitude put donner à réfléchir à bien des habitants du pays.

Pays envahis. — Le 29 juin 1918, tous les prêtres du monde entier avaient offert le Saint Sacrifice de la Messe, en union avec le Pape, pour le rétablissement de la paix.

Le 9 mai 1919, avait eu lieu la séance, à jamais mémorable, de la remise du Traité de Paix par les armées alliées victorieuses aux délégués allemands, dans le château du Trianon.

Nous pûmes alors songer, ainsi que le Conseil Central nous y engageait, aux besoins des pays envahis si maltraités par l'ennemi.

Toutes ces dames se mirent à confectionner des paquets de linge et d'effets, tant à la Permanence que dans la vaste salle du Foyer ; et le 3 juin, nous faisions l'envoi d'un wagon complet, organisé par les soins du brave Jean Martin, notre ordonnance du Foyer.

Ce wagon, scellé, fut expédié à Mlle Ménager, infirmière, S. B. M., à Charmes.

Nous en reçûmes les remerciements les plus touchants, et Mlle Ménager eut la délicatesse de nous envoyer, tous les mois, la liste des infortunes qu'elle avait pu secourir, grâce aux dons du Comité d'Avallon.

Plus tard nous cédâmes, à des prix très modérés, des matelas, des draps, etc., à des réfugiés privés de ces objets indispensables par la rapacité et la brutalité des envahisseurs.

Essai de clinique. — Enfin, au début de 1919, nous eûmes d'intéressants pourparlers avec le docteur Billaudet, qui acceptait de nous céder un des bâtiments de sa clinique (ancien H. C. 53), pour y hospitaliser des victimes de la guerre ayant besoin de nouveaux soins ou de nouvelles opérations.

L'affaire était en très bonne voie, et Mlle Baudot nous avait assuré son indispensable concours, lorsqu'une récente loi autorisant lesdites victimes à se faire soigner à domicile, aux frais de l'État, vint nous ôter l'espoir d'avoir des clients en nombre suffisant pour nécessiter un établissement de ce genre.

Nous restons donc à la disposition de la Providence, comptant qu'elle saura bien utiliser les fonds, le matériel et le personnel restant de l'Hôpital du Sacré-Cœur, au mieux des intérêts de la Patrie.

AVALLON, 6 août 1920,

Premier Vendredi du mois.

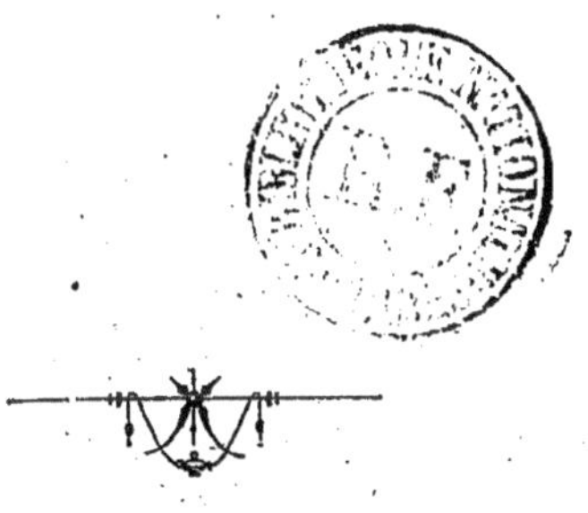

RENSEIGNEMENTS GÉNÉRAUX

3 Août 1914. — 7 Septembre 1918.

Malades hospitalisés :

A l'Hôpital Auxiliaire n° 9	1.574
A l'Hôpital Auxiliaire n° 48	78
TOTAL :	1.652

Décès, 10 :

Caporal Lallet	10 septembre 1914.
Yves Abiven	28 août 1915.
J.-B. Thil	25 novembre 1915.
Cornières	7 avril 1916.
L. Branland	17 mai 1916.
A. Lelièvre	8 juin 1916.
L. Mortreux	12 juin 1916.
Pierre Turbé	20 juin 1916.
J. Solle	5 août 1916.
Jean Rankin	12 septembre 1916.

Journées d'hospitalisation : 55.560.

Indemnités versées :

Par le Service de Santé	109.848 fr. 40
Par le Comité d'Avallon	87.422 fr. 95
TOTAL DES RECETTES :	197.271 fr. 35
TOTAL DES DÉPENSES :	196.385 fr. 25

Nombre :	De bains	464
»	De douches	1.518
»	D'interventions chirurgicales . .	145
»	De séances radiographiques . .	12

Infirmières-Majors :

Mlle   Marie BAUDOT.
Mme   la Marquise DE DURAS-CHASTELLUX.

———

Infirmières :

Mlle   Germaine BACHELIN.
Mlle   Isabelle BAILLY (de Sauvigny).
Mlle   Germaine BARBIER.
Mme   Cécile BÉRA.
Mme   BLANDIN-DUVANEZ.
Mlle   Berthe BOUILLOUX (de Sauvigny).
Mme   Lucile CARRÉ.
Mme   Marguerite CHANUT-CORNIAU.
Mme   la Comtesse de CHATEAUBRIAND.
Mme   Noël CORNIAU.
Mme   FRIZON.
Mme   GENTY, née Rousaud.
Mme   Pierre GEOFFROY-SAINT-HILAIRE.
Mlle   Louise GUENEAU.
Mme   Marguerite HENRIOT.
Mme   Thérèse HOLLEAUX.
Mme   JAQUOT.
Mlle   Marie-Louise KWIATKOWSKA.
Mlle   Isabelle KWIATKOWSKA.
Mlle   Fernande LANDRY.
Mme   LERMUZEAUX.
Mlle   Geneviève LEPOIX.
Mme   Jeanne MACHIN, née Chanut.
Mme   MANCEAUX.
Mme   Paul NEVEUX.
Mme   Henri PERRIN.
Mlle   Madeleine POIVRET,
Mme   Gustave RÉTIF.
Mlle   Blanche SÉBILLE.
Mlle   SERRURIER (de Magny-lès-Avallon).

———

Docteurs :

BARRAUD (service volontaire).
BILLAUDET.
BOURDERON.
BREUILLARD (service volontaire).
COLLINET (service volontaire).
CHARPENTIER.
DELAPCHIER (radiologie).
DEVOIR.
DUPÊCHEZ.
GUILBERT.
HOUILLON.
LORNES.
MICHAUX.

Pharmaciens :

DARDAILLON.
LERMUZEAUX (du Cateau, Nord).
VERNET (d'Héricy, Seine-et-Marne).

Dames auxiliaires :

BAUBY (service de nuit).
BAUDON (H. A. n° 48).
BAUDOT.
A. BINOUX.
BLANCHET.
BRÉON.
CAQUEREAU.
B. COURON.
DICQUEMARE (service de nuit).
DIEZ.
FORTIER.
GÉROUVILLE.
M.-E. GOUSSARD.
GUENIFFEY (service de nuit).
LAMARE.
MORGENSTERN.
M. MORVAN (H. A. n° 48)
de NOZIÈRES (service de nuit).
PELLETIER (de Cussy-les-Forges).
M. PELTIER.
THORETTE.

www.ingramcontent.com/pod-product-compliance
Lightning Source LLC
LaVergne TN
LVHW020541060726
842525LV00004B/1253